MÉTHODE DE FRANÇAIS

BIENVENUE EN FRANCE

Tome 1
EPISODES 1 à 13

10873376

Annie MONNERIE-GOARIN

Agrégée de Lettres Modernes
Professeur au Centre International
d'Études Pédagogiques de Sèvres

Learning Resources
Centre

n

HATIER / Didier

AVANT-PROPOS

Bienvenue en France est une méthode d'apprentissage du français destinée à des adultes débutants.

Elle comprend deux manuels constitués chacun de 13 dossiers. Chaque dossier est composé de 4 parties :

- les **dialogues illustrés** sont la transcription d'épisodes filmés, où l'on découvre les mêmes héros dans des situations diverses. Les livres sont utilisables avec ou sans les films.

- la partie **Savoir Dire** reprend les situations de communication proposées dans le dialogue et les éléments linguistiques nécessaires à cette communication. Des exercices permettent d'assimiler et de maîtriser les actes de parole essentiels (se présenter, inviter, demander quelque chose, ...) et les structures élémentaires de la langue.

- la partie **Savoir Vivre** invite les étrangers à découvrir ou reconnaître les aspects principaux du pays et leur donne les connaissances pratiques utiles pour vivre en France : comment se déplacer, comment téléphoner, comment commander un repas... Des questions et des activités permettent de vérifier la compréhension des textes proposés.

- les **tests** font le point sur les acquisitions linguistiques.

L'éditeur remercie vivement Madame Josyane Thureau, Chargé de mission, Responsable du Bureau de l'Audiovisuel éducatif au Ministère des Affaires étrangères, qui a assuré la coordination de l'ensemble du projet ainsi que Messieurs Paul Ceuzin, Philippe Laïk et Dominique Harispuru, auteurs du film.

LES PERSONNAGES

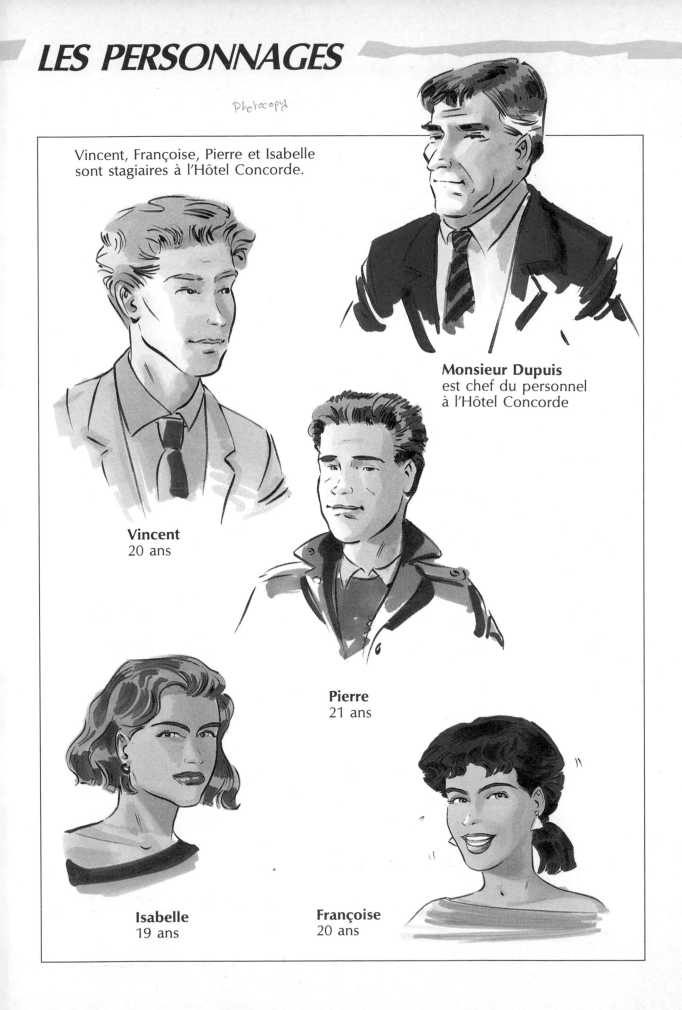

Photocopy

Vincent, Françoise, Pierre et Isabelle
sont stagiaires à l'Hôtel Concorde.

Monsieur Dupuis
est chef du personnel
à l'Hôtel Concorde

Vincent
20 ans

Pierre
21 ans

Isabelle
19 ans

Françoise
20 ans

SOMMAIRE

ORLY

1er épisode

À L'HOTEL CONCORDE

1 **Le chef du personnel :** Voilà Françoise Charrier. Elle arrive à Orly à 10 h.

2 **Vincent :** Il est 9 h. Vite.

DANS UN TAXI

3 **Vincent :** Taxi !

4 **Vincent :** Bonjour Monsieur, vite.

Chauffeur : Où allez-vous ?

Vincent : À Orly.

Chauffeur : Bien Monsieur. Vous travaillez à Orly ?

Vincent : Non, à Paris.

Chauffeur : Qu'est-ce que vous faites ?

Vincent : Je suis stagiaire dans un hôtel.

Chauffeur : Ah vous êtes stagiaire dans un hôtel ? Vous partez en voyage ?

Vincent : Non ! Je vais chercher une jeune fille... Elle est stagiaire aussi.

7

À L'AÉROPORT D'ORLY

5 *Françoise :* Où est Vincent ?

Vincent : Où est Françoise ?

6 *Hôtesse :* Qu'est-ce que vous faites ici ?

Vincent : Je cherche une jeune fille (il montre la photo)...

7 *Françoise :* Où est-il ?

Vincent : Où est-elle ?

8 *Françoise :* Bonjour Madame.

Hôtesse : Bonjour Mademoiselle.

Françoise : Pour aller à Paris, à l'hôtel Concorde-Lafayette s'il vous plaît.

Hôtesse : Il y a un autocar d'Air France dehors.

Françoise : Merci.

9 Vincent aperçoit Françoise qui monte dans le car, mais le car démarre.

D'ORLY À PARIS... DANS L'AUTOCAR

10 *Un jeune homme à Françoise :* Où allez-vous ?

Françoise : À l'Hôtel Concorde-Lafayette.

Le jeune homme : Qu'est-ce que vous faites ?

Françoise : Je suis stagiaire.

... DANS UN TAXI

11 *Vincent :* À Paris... Hôtel Concorde-Lafayette.

À L'HOTEL CONCORDE

12 *Le chef du personnel :* Entrez !

Le chef du personnel : Ah Vincent ! Vous êtes seul ?

Vincent : Oui.

Le chef du personnel : Mais où est Françoise Charrier ?

Vincent : Ah Monsieur ! je ne sais pas.

Le chef du personnel : Comment, vous ne savez pas ?

Vincent : Non, je ne sais pas.

13 *Le chef du personnel :* Eh bien, je vous présente Vincent Dubois, il est stagiaire ici.

Françoise : Bonjour.

Le chef du personnel : Je vous présente Françoise Charrier, elle est stagiaire ici.

Vincent : Enchanté.

Le chef du personnel : Eh bien, vous allez travailler ensemble. Bonne chance !

1. Qui est-ce ?

■ Observez

— Qui est-ce ?
— C'est Jean Dubois.
— Qu'est-ce qu'il fait ?
— Il est journaliste.

— Qui êtes-vous ?
— Je suis Jean Dubois.
  Je m'appelle Jean Dubois.
— Qu'est-ce que vous faites ?
— Je suis journaliste.

— Qui est-ce ?
— C'est Marie Dumas.
— Qu'est-ce qu'elle fait ?
— Elle est hôtesse de l'air.

— Qui êtes-vous ?
— Je suis Marie Dumas.
  Je m'appelle Marie Dumas.
— Qu'est-ce que vous faites ?
— Je suis hôtesse de l'air.

NOTEZ BIEN

Pronoms sujets			
1e personne		je suis j'arrive	
		vous êtes	vous faites
2e personne			
3e personne	masculin	il } est	
	féminin	elle	

■ Apprenez

être	arriver	aller	partir
je suis	j'arrive	je vais	je pars
tu es	tu arrives	tu vas	tu pars
ou	ou	ou	ou
vous êtes	vous arrivez	vous allez	vous partez
il elle } est	il elle } arrive	il elle } va	il elle } part
nous sommes	nous arrivons	nous allons	nous partons
vous êtes	vous arrivez	vous allez	vous partez
ils elles } sont	ils elles } arrivent	ils elles } vont	ils elles } partent

faire	travailler	s'appeler	
je fais	je travaille	je m'appelle	**Tu/vous :**
tu fais	tu travailles	tu t'appelles	**Dossier III**
ou	ou	ou	
vous faites	vous travaillez	vous vous appelez	
il elle } fait	il elle } travaille	il elle } s'appelle	
nous faisons	nous travaillons	nous nous appelons	**Nous/ils/elles :**
vous faites	vous travaillez	vous vous appelez	**Dossier VII**
ils elles } font	ils elles } travaillent	ils elles } s'appellent	

■ *Posez les mêmes questions à :*

Philippe Lebrun
Pilote

Monique Mercier
Photographe

Paul Colas
Chirurgien

Monique Leroy
Pharmacienne

Sylvie Barrot
Avocate

2. Présentations

■ *Observez*

Je vous présente
Marie Dumas,
hôtesse de l'air.

Je me présente :
Marie Dumas,
hôtesse de l'air.

■ *Présentez*

Monique Mercier
Philippe Lebrun
Paul Colas
Sylvie Barrot
Monique Leroy
Anne Laurent
Claude Giret

Monique Mercier
Philippe Lebrun
Paul Colas
Sylvie Barrot
Monique Leroy
Anne Laurent
Claude Giret

■ *Se présentent*

« Je vous ..... »

« Je me ..... »

■ *Et vous, présentez-vous*

3. Où ? Quand ?

■ **Observez**

— Où allez-vous ? .... **à Roissy.**
— Où travaillez-vous ?   **à l'hôtel Méridien**
— Où habitez-vous ? ....**à Paris.**

NOTEZ BIEN

à { Paris
    Roissy
    l'hôtel Méridien
    l'aéroport

■ **Apprenez**

— Quelle heure est-il ?
— Il est.....

... une heure   ... deux heures   ... trois heures   ... quatre heures   ... cinq heures   ... six heures

   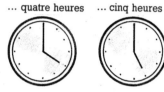

— L'avion arrive à quelle heure ?
— L'avion arrive à .....

... sept heures   ... huit heures   ... neuf heures   ... dix heures   ... onze heures   ... midi ... minuit

4. A Paris ... et ailleurs

■ **Posez toutes les questions possibles**

Qui êtes-vous ?
Qu'est-ce que vous faites ?
Quelle heure est-il ?
...

à Mike Cappla
Mercédes Gimenez
James Hardclif
Wolfgang Schmidt
Paolo Platini
Bertin Stanabady

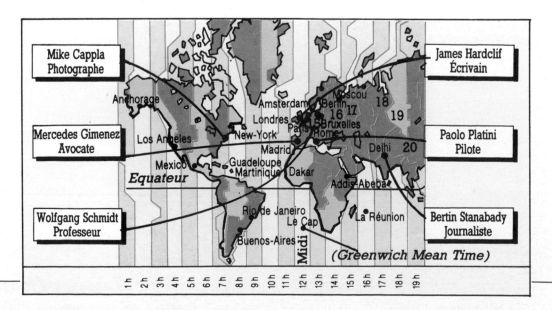

Mike Cappla
Photographe

James Hardclif
Écrivain

Mercedes Gimenez
Avocate

Paolo Platini
Pilote

Wolfgang Schmidt
Professeur

Bertin Stanabady
Journaliste

Anchorage, Amsterdam, Moscou, Berlin, Londres, Paris, Bruxelles, Los Angeles, New-York, Rome, Madrid, Delhi, Mexico, Guadeloupe, Martinique, Dakar, Addis-Abeba, Equateur, Rio de Janeiro, Le Cap, La Réunion, Buenos-Aires

Midi

(Greenwich Mean Time)

1h 2h 3h 4h 5h 6h 7h 8h 9h 10h 11h 12h 13h 14h 15h 16h 17h 18h 19h

SAVOIR VIVRE

LES AÉROPORTS DE PARIS - LE CONCORDE

En 1987, les aéroports d'Orly et de Roissy-Charles-de-Gaulle ont reçu 37 millions de passagers. 190 compagnies (dont les compagnies françaises : Air France, UTA, Air Inter) ont assuré le trafic et permis de desservir 275 villes dans 120 pays, avec 60 types d'appareils.
Le Concorde, avion supersonique franco-britannique, a été mis en service en 1976.

ROLAND GARROS

Roland Garros, le premier aviateur qui traverse la Méditerranée en 1913. Son avion s'appelle « La demoiselle ». Il a donné son nom au stade de tennis où se jouent les matchs internationaux.

ROISSY ↔ PARIS ↔ ORLY

Pour aller de Roissy-Charles-de-Gaulle ou d'Orly à Paris, il y a trois possibilités :

L'autocar d'Air France

● D'Orly, il faut 30 mn pour aller à la gare des Invalides. Il y a un autocar toutes les 12 mn entre 5 h 50 et 23 h. L'autocar s'arrête à la Porte d'Orléans et à la Gare Montparnasse.
Prix du billet : 28 F.

● De Roissy, il faut 1 heure pour aller à l'Étoile. Il y a un départ toutes les 12 mn de 5 h 45 à 23 h.
Prix du billet : 38 F.

Le train

● Une navette Orly-Rail vous emmène de l'aéroport à la gare d'Orly.
Avec le train, vous arrivez aux stations de la ligne C du R.E.R. (Gare d'Austerlitz, Pont-Saint-Michel, Invalides...).
Il y a un train toutes les 15 mn de 5 h 40 à 23 h 30.
Prix du billet : 20 F.
Il faut 35 mn pour aller à la gare d'Austerlitz.

● De Roissy, une navette part toutes les 15 mn (toutes les 5 mn aux heures de pointe) pour la gare R.E.R. de Roissy. Vous arrivez aux stations de la ligne B du R.E.R. (Gare du Nord, Châtelet...). Il faut à peu près 1 heure pour aller à Châtelet.
Prix du billet : 26 F jusqu'à la Gare du Nord.

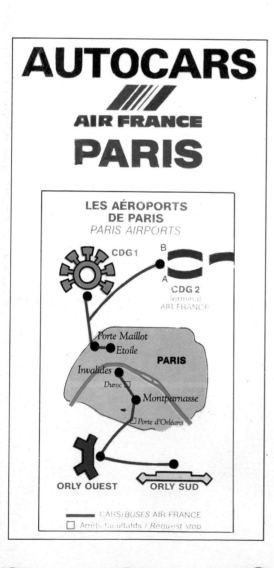

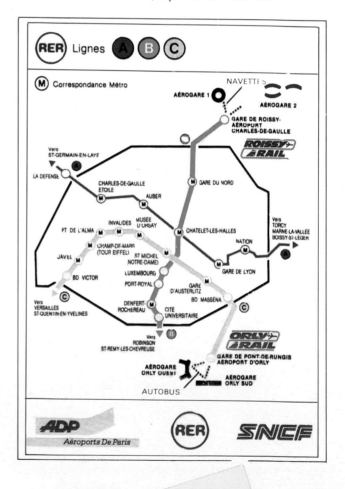

L'autobus de la R.A.T.P.

● D'Orly, avec l'autobus Orlybus (n° 215), vous allez à Denfert-Rochereau en 25 mn. Il y a un bus toutes les 15 mn (toutes les 8 mn aux heures de pointe) de 6 h à 23 h.
Prix du billet : 18 F ou 6 tickets de métro.

● De Roissy, avec l'autobus 351, vous allez au métro Nation.
Avec l'autobus 350, vous allez de Roissy à la Gare de l'Est.
Prix du billet : 18 F ou 6 tickets de métro.

15

TESTS

1 Rappelez-vous

Pronoms sujets

1re personne		je
2e personne		....
3e personne	masculin	....
	féminin	....

Complétez

— Qu'est-ce que ... faites ?
— ... suis pilote.

— Qu'est-ce qu' ... fait ?
— ... est photographe.

— Qu'est-ce qu' ... fait ?
— ... est avocate.

Qu'est-ce qu'ils font ?

il est .... ?

elle est........................ ?

elle est........................ ?

elle est .... ?

il est .... ?

elle est .... ?

2 Trouvez les questions

— .... ?
— À l'hôtel Méridien.

— .... ?
— À Roissy.

— .... ?
— À Paris.

16

3 *Quelle heure est-il ?*

....

4 *Complétez*

— Qu'est-ce que vous ..... ?
— Je ..... hôtesse de l'air.

— Vous ..... à quelle heure ?
— Je pars à 9 heures.

— Où .....-vous ?
— J'habite à Paris.

— Où allez-vous ?
— Je ..... à Orly.

5 *Indiquez le métier et le lieu d'habitation de chaque personne.*
Remplissez leurs cartes de visite

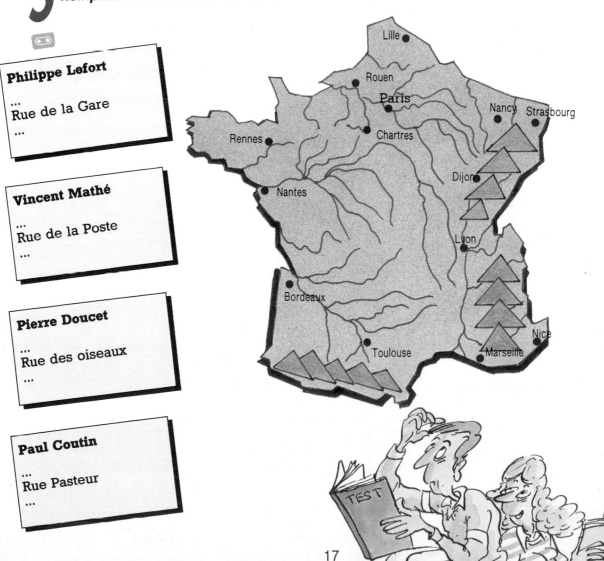

Philippe Lefort

...
Rue de la Gare
...

Vincent Mathé

...
Rue de la Poste
...

Pierre Doucet

...
Rue des oiseaux
...

Paul Coutin

...
Rue Pasteur
...

17

À L'HÔTEL CONCORDE

2ᵉ épisode

1 *Le réceptionniste :* Le stage commence. Vous êtes prêts ?

Françoise : Je suis prête.

Vincent : Je suis prêt.

Le réceptionniste : Regardez bien.

Vincent : Oui Monsieur.

Françoise : D'accord.

Le réceptionniste : Bonjour Monsieur. Vous désirez ?

Le client : Bonjour, je voudrais une chambre.

Le réceptionniste : Oui Monsieur.

Le client : C'est combien ?

Le réceptionniste : Ça dépend : il y a des chambres avec bain, des chambres avec douche.

Le client : Je voudrais une chambre avec bain.

Le réceptionniste : Pour combien de jours ?

Le client : Pour trois jours.

Le réceptionniste : 3 jours... d'accord c'est possible. Voilà Monsieur, chambre n° 120.

Le réceptionniste à Vincent : Ça va ?

Vincent : Oui, c'est facile.

2 *Le réceptionniste :* Vous désirez Monsieur ?

Le client : Je voudrais un timbre, s'il vous plaît.

Le réceptionniste : Voilà un timbre Monsieur. Au revoir Monsieur.

Le client : Au revoir.

3 *Vincent :* C'est facile.

4 *Le réceptionniste :* Vous désirez Madame ?

La cliente : Je voudrais une enveloppe, s'il vous plaît.

Le réceptionniste : Voilà une enveloppe Madame. Au revoir Madame.

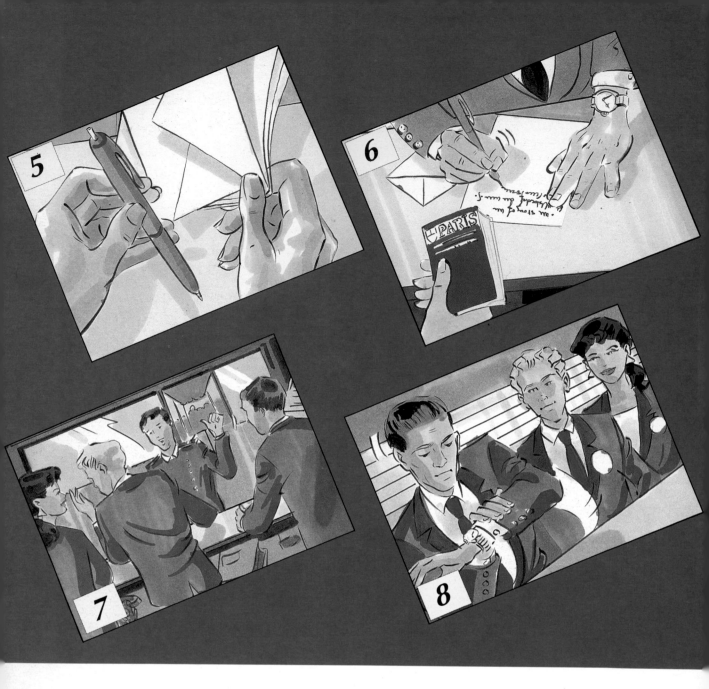

La cliente : Au revoir.

Le réceptionniste à Vincent et Françoise : Ça va ?

Vincent : Oui, oui, c'est facile...

5 **Un autre client :** Je voudrais un crayon, une feuille de papier et des enveloppes.

Le réceptionniste : Voilà Monsieur. Un crayon, une feuille de papier et des enveloppes.

L'autre client : Merci.

Vincent : C'est facile !

6 **La cliente :** Avez-vous un plan de Paris ?

Le réceptionniste : Voilà un plan de Paris, Madame.

La cliente : Merci, au revoir.

Le réceptionniste : Au revoir Madame.

7 **Le Voiturier :** Les cars arrivent !

8 **Le réceptionniste :** Je sors.
À vous ! Bonne chance !

9   *Vincent :* Vous désirez Monsieur ?

10   *1er Client :* Je voudrais un timbre, s'il vous plaît.

     2e Client : Je voudrais une chambre.

     3e Client : Je voudrais une chambre avec douche.

     4e Client : Je voudrais une chambre avec douche.

     5e Client : Je voudrais une enveloppe.

     6e Client : Avez-vous une chambre ?

     7e Client : Chambre n° 220, s'il vous plaît.

Vincent : Oui, Monsieur.
Oui, Madame.

     8e Client : Je voudrais un plan de Paris.

11   *Le réceptionniste :* Alors ! C'est facile ?

12   *Françoise :* Ce n'est pas facile.

     Vincent : Non, ce n'est pas facile.

1. Je voudrais une chambre

Observez

Le client	— Je voudrais une chambre, s'il vous plaît.
Le réceptionniste	— Pour deux personnes ?
Le client	— Oui, pour deux personnes.
Le réceptionniste	— Pour combien de nuits ?
Le client	— Trois nuits.
Le réceptionniste	— Avec douche ou avec bains ?
Le client	— Avec douche.
Le réceptionniste	— Une chambre, pour deux personnes, avec douche, pour trois nuits, c'est possible.
Le client	— Vous avez une chambre ?
Le réceptionniste	— Pour combien de personnes ?
Le client	— Pour une personne.
Le réceptionniste	— Pour une nuit ?
Le client	— Non, pour deux nuits. C'est possible ?
Le réceptionniste	— Oui, c'est possible. J'ai une chambre avec douche pour deux personnes.

Faites des dialogues entre le client et le réceptionniste à partir des indications suivantes :

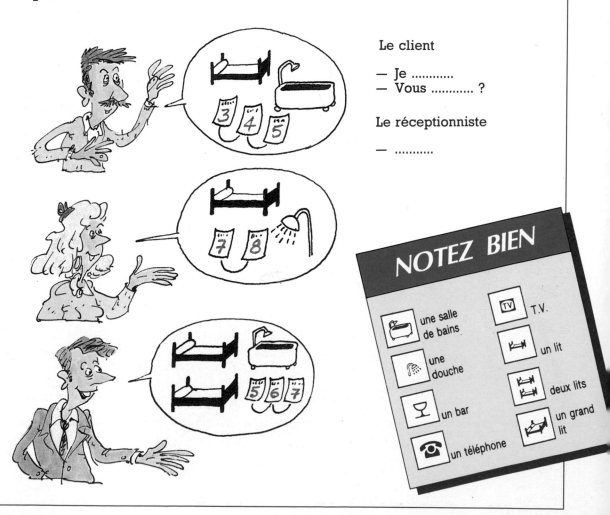

Le client

— Je ....
— Vous .... ?

Le réceptionniste

— ....

NOTEZ BIEN

une salle de bains	TV T.V.
une douche	un lit
un bar	deux lits
un téléphone	un grand lit

2. Dans mon sac...

■ *Observez*

Dans mon sac, il y a

des mouchoirs	un plan de Paris	des timbres
un peigne	une glace	une carte d'identité	une feuille de papier
une enveloppe	des bonbons	une clé	un ticket de métro
un stylo	un carnet d'adresses	un carnet de chèques	des lunettes

■ *Classez les différents objets*

un mouchoir
un ....
un ....

une enveloppe
une ....
une ....

■ *Qu'est-ce qu'il y a dans votre sac ?*

....
....

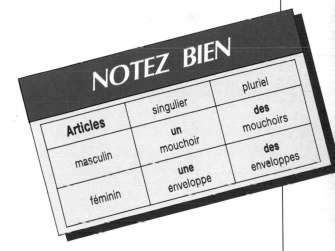

■ *Où trouvez-vous ces objets ? Demandez-les*

● des mouchoirs en papier ● des bonbons
● des lunettes de soleil   ● un plan de Paris
● des enveloppes   ● des timbres

 Dans une pharmacie ?   Dans une pâtisserie ?

 Dans un bureau de tabac ?   Dans une parfumerie ?

 Dans une papeterie ?   Dans une banque ?

3. Prêt, prête
Observez

Vous êtes prêts ?

Je suis prête.

Vous êtes prêtes ?

Je suis prêt.

ADJECTIFS			ADJECTIFS	
masculin	**féminin**		**masculin**	**féminin**
italien	italien**ne**		argentin	argentine
français	français**e**		grec	grec**que**
espagnol	espagnol**e**		allemand	allemand**e**
américain	américain**e**		anglais	anglais**e**

Indiquez la nationalité

Citroën est une marque de voiture Française.

et Lancia ? ....   Renault ? ....   Mercedes ? ....
     Ford ? ....   Rolls ? ....   Peugeot ?...................

4. Ne... pas
Observez

— Vous travaillez ?
— Non, je **ne** travaille **pas**.

— C'est facile ?
— Non, ce **n'**est **pas** facile.

— Il est prêt ?
— Non, il **n'**est **pas** prêt.

NOTEZ BIEN

Je **ne** travaille **pas**
Ce **n'** est   **pas** facile
(n' devant a, e, i, o, u, h)

Répondez négativement

— La chambre est prête ?   — Vous êtes française ?   — Vous allez à Paris ?
— Non, ...   — Non, ...   — Non, ...

— Il habite à Londres ?   — C'est possible ?   — Elle est photographe ?
— Non, ...   — Non, ...   — Non, ...

5. Verbes
Apprenez

Commencer	**Regarder**	**Avoir**
je commence	je regarde	j'ai
tu commences	tu regardes	tu as
ou	ou	ou
vous commencez	vous regardez	vous avez
il/elle commence	il/elle regarde	il/elle a
nous commençons	nous regardons	nous avons
vous commencez	vous regardez	vous avez
ils/elles commencent	ils/elles regardent	ils/elles ont

SAVOIR VIVRE

LES HÔTELS FRANÇAIS

Si vous cherchez un hôtel, vous pouvez consulter un guide :
- Guide du routard
- Logis de France
- Guide Michelin

"D'après Guide France MICHELIN 1989"

SAVOIR VIVRE

LES HÔTELS FRANÇAIS

Les hôtels sont classés par étoiles :
de une à quatre étoiles.

☆	Hôtel simple
☆ ☆	Hôtel de bon confort
☆ ☆ ☆	Hôtel de grand confort
☆ ☆ ☆ ☆	Hôtel de très grand confort
☆ ☆ ☆ ☆ ☆	Hôtel de très grande classe, palace

Si vous avez la nostalgie des palaces (et si vous êtes très riches !), le Plaza-Athénée, le Meurice, le Crillon, le Ritz, le Grand Hôtel à Paris ou l'Hôtel Negresco, à Nice, existent encore.

L'Hôtel George V

Les gîtes ruraux sont des chambres ou des petits appartements chez l'habitant à la campagne.

L'Hôtel Negresco

Le Plaza-Athénée

Le Grand Hôtel de Cabourg, station balnéaire à la mode au début du XXe siècle, a été décrit par Marcel Proust dans « A l'ombre des jeunes filles en fleurs ».

Le Grand Hôtel de Cabourg

Pour en savoir plus...

Les offices de tourisme vous donnent tous les renseignements sur les hôtels.
A Paris par exemple, vous pouvez vous adresser à l'Office de Tourisme de Paris 127, Champs-Élysées Paris 8e - Tél. (1) 47 23 61 72.

Ce signe veut dire :

↓   Il y a :

⚡	le télex	🚗	un parking privé
☎	le téléphone dans les chambres	🐕	les chiens sont admis
↕	un ascenseur	Diners Club International	on accepte les cartes : Diners Club
✕	un restaurant	carte bleue / VISA	Carte Bleue et Visa
🍷	un mini-bar ou un bar dans la chambre	AMERICAN EXPRESS	American Express
TV	la télévision dans les chambres	EUROCARD / MasterCard	Euro card/Master card

Entraînez-vous

Choisissez un hôtel.

Vous avez un chien. Vous cherchez

1) un hôtel simple avec téléphone. Vous choisissez l'hôtel n°

2) un hôtel de grand confort avec mini bar. Vous choisissez l'hôtel n°

1 TAMISE (de la) 4 r. d'Alger
☆☆ 42 60 51 54

2 TUILERIES (des) 10 r. Saint-Hyacinthe
☆☆☆ 42 61 04 17

3 VICTORIA CHATELET 17 av. Victoria
☆☆☆ 40 26 90 17

4 DUCS DE BOURGOGNE (des) 19 r. du Pont-Neuf
☆☆ 42 33 95 64

5 RICHELIEU-MAZARIN 51 r. de Richelieu
☆ 42 97 46 20

6 PAVILLONS (des) 14 r. Vauvilliers
☆☆☆ 45 08 42 92

TESTS

1 Demandez les chambres suivantes

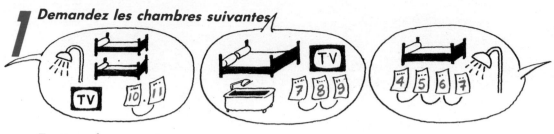

Trouvez les questions

— Bonjour monsieur, je voudrais une chambre.
— ....
— Pour deux personnes.
— ....
— Deux nuits.
— ....
— Avec bains.
— C'est possible monsieur.

2 Rappelez-vous

Articles	singulier	pluriel
masculin	un	....
féminin	....	....

Complétez

Vous avez ..... plan de Paris ? Je cherche ..... mouchoir. C'est ..... avion français.
Je voudrais ..... lunettes de soleil. J'ai ..... carnet de chèques. C'est ..... voiture américaine.

Demandez les objets suivants

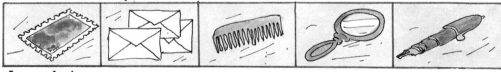

Je voudrais ....

3 Rappelez-vous

masculin	féminin	masculin	féminin
espagnol	....	argentin	....
prêt	....	italien	....
allemand	....	américain	....
français	....		
anglais	....		
japonais	....		

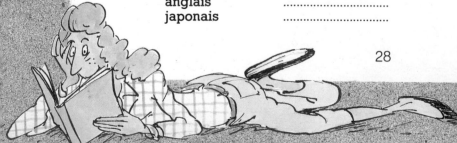

Présentez-les

Linda			Elle est ....
Pedro	}	habitent à Buenos-Aires	Il est ....
Brian			Il est ....
Margaret	}	habitent à Londres	Elle est ....
Ulà			Elle est ....
Bernd	}	habitent à Berlin	Il est ....
Manuel			Il est ....
Anna	}	habitent à Madrid	Elle est ....

4 Complétez

Vous ..... une carte d'identité (avoir). Il ..... une voiture américaine (avoir).
Vous ..... la télévision à 9 heures ? (regarder).

5 De quel hôtel s'agit-il ?

1. C'est un hôtel de grand confort. Vous avez le téléphone et la télévision et
un mini bar dans toutes les chambres. Il y a un restaurant. Vous pouvez
même amener votre chien.

2. C'est un petit hôtel simple, mais agréable. Évidemment, vous n'avez pas
la télévision, pas d'ascenseur, pas de mini bar non plus. Mais vous avez
quand même le téléphone dans la chambre.

ADRESSES	CATÉGORIE	TÉLÉPHONE	CHAMBRES	SALLE DE BAINS	CABINET DE TOILETTE	INFORMATIONS GÉNÉRALES
MÉRIDIEN MONTPARNASSE PARIS (le) 19, r. Ct-R.-Mouchotte ⚡ 200 135	★ ★ ★ ★	43.20.15.51	950	950	4	☎️🏫✗♀♿ 🖼️🛎️🆔⓪🅲🆔🅰🅴🅶 📺ⓋⓉ �",♿
ORLÉANS-PALACE, 185, bd Brune ⚡ 26.07.25	★ ★ ★	45.39.68.50	92	92		☎️🏫✗♀🖼️⓪🅲🆔🅰🅴🅶 📺ⓋⓉ
RÉSIDENCE MONTPARNASSE 14, r. Stanislas ⚡ 20.67.63	★ ★ ★	45.44.55.09	63	63		☎️🏫🆔🅲🆔🅰🅴🅶 📺
WALDORF 17, r. du Départ ⚡ 20.16.77	★ ★ ★	43.20.64.79	30	30		☎️🏫🆔⓪🅲🆔🅰🅴 📺
YORK, 13 bis, r. Thibaud	★ ★	45.40.85.39	45	22	23	☎️🏫
DELAMBRE, 35, r.Delambre	★	43.20.66.31	31	31		🖼️
DOMANCE MONTPARNASSE 17, bd Edgard-Quinet	★	43.20.63.16	15	15		☎️🖼️
FLORIDOR 28, pl. Denfert-Rochereau	★	43.21.35.53	48	35	13	☎️🏫

6 Où entendez-vous ces phrases ? (1. 2. 3.)

▦ dans ....

✈ dans ....

🫖 dans ....

PARIS, LA NUIT

3e épisode

Le client à Vincent : Vous avez une chambre ?

Vincent : Oui Monsieur... Jean !

1 **Jean :** Vincent ! Comment ça va ?

Vincent : Ça va et toi ?

2 **Jean :** Je cherche une chambre.

Vincent : Une chambre, pas de problème voilà la clé. Chambre n° 260.

Jean : À tout à l'heure.

Vincent : À tout à l'heure.

3 **Un client :** J'ai réservé une chambre.

Françoise : Vous êtes Monsieur... ?

Le client : Je suis Monsieur Dupuis.

Françoise : Oui... Vous avez la chambre n° 260. Où est la clé ?

4 **Vincent :** Zut, j'ai donné la chambre n° 260.

Françoise : Et l'hôtel est complet !

5 **Le client :** Il est 7 h 1/2, je dois prendre l'avion demain à 6 heures du matin.

Vincent au client : Un instant Monsieur.

Vincent à Françoise : J'ai une idée.

6   *Vincent :* Tu es libre ce soir ?

     Jean : Oui je suis libre.

     Vincent : Rendez-vous à 8 heures dans le hall.

     Jean : D'accord à 8 h.

     Vincent : Donne-moi la clé...

7   *Vincent enlève les affaires de Jean de la chambre 260.*

8   *Vincent :* La chambre est prête Monsieur.

     Le client : Merci.

9   *À huit heures, Vincent et Jean vont au cinéma.*

10   *À dix heures, Vincent et Jean sortent du cinéma.*

     Vincent : Ça va ?

     Jean : Oui, ça va et toi ?

     Vincent : On dîne ? Il y a un restaurant en face.

11   *À minuit, Vincent et Jean dînent au restaurant.*

     Le garçon : Monsieur le restaurant ferme.

     Jean : C'est combien ?

     Vincent : Deux cent vingts francs.

Le garçon : Merci.

Un couple : Bonne nuit.

Le garçon : Bonne nuit Monsieur, bonne nuit Madame. Bonne nuit Messieurs.

À trois heures du matin, Vincent et Jean sont encore dans un bar.

Vincent : On boit un verre ?

Jean : Oh, il est tard.

Vincent : Non, on boit un verre.

Jean : Non, il est tard, on rentre.

12 *Vincent et Jean arrivent à l'hôtel. Le client de la chambre 260 s'en va.*

13 **Vincent à Jean :** Je reviens.

14 *Vincent remet les affaires de Jean dans la chambre 260.*

15 **Vincent à Jean :** Tiens ta clef.

Jean : Merci, bonne nuit.

Vincent à Jean : Bonne nuit.

Jean : Bonne nuit ? Il est 6 heures du matin !

16 **Françoise :** Alors Vincent. En forme ?

Vincent : Oui, en forme.

1. Les heures (suite)

■ *Observez*

Quelle heure est-il ?
Vous avez l'heure ?

9 heures du matin   2 heures de   9 heures du soir
(neuf)   l'après-midi   (neuf)

9 heures et (1/4)   9 heures et (1/2)   10 heures
(neuf)   quart   (neuf)   demie   moins le 1/4
                                                       (dix)

9 heures 5   9 heures moins 5
(neuf) (cinq)   (neuf) — (cinq)

Heures d'ouverture

■ *Observez*

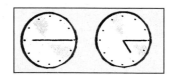

Le magasin ouvre à 9 heures du matin.
Le magasin ferme à 11 heures du matin.
Le magasin est ouvert de 9 heures
à 11 heures du matin.

■ *Donnez les horaires des magasins suivants*

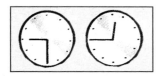 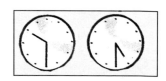

....

2. Rendez-vous

■ *Observez*

— Tu es libre mardi ?
— Oui, à quelle heure ?
— A 11 h et demie, ça va ?
— Ça va.
— Alors rendez-vous mardi à
   11 heures et demie.

■ *Imaginez un dialogue avec les indications suivantes*

3. Un ... le/l' / Une ... la/l' / Des ... les

■ *Observez*

— Vous avez **une** chambre ?
— Oui, monsieur, **la** chambre 26 est libre.

— Tu as **un** stylo ?
— Oui, c'est **le** stylo de Françoise.

— Il y a **un** autocar pour Paris ?
— Oui, oui, **l'**autocar d'Air France est dehors.

— Tu as **des** enveloppes ?
— Oui, ce sont **les** enveloppes de l'hôtel.

		singulier	pluriel
	masculin	**le, l'**	**les**
Articles	féminin	**la, l'**	

■ *Complétez les phrases suivantes*

C'est ..... carnet de chèques de Vincent.
..... sac de Françoise.
..... glace de Françoise.

Ce sont ..... bonbons de Jean.
..... mouchoirs de Marie.

■ *Observez*

— Je cherche un hôtel.
— Un hôtel ? Vous avez l'hôtel Meridien en face.

■ *Faites un dialogue semblable*

JE...
VOUS...

PHARMACIE de la TOUR

RESTAURANT de la POSTE

BAR de la GARE

4. Catastrophes !

■ *Observez*

Le lavabo fuit
chambre 121

Je voudrais une couverture
chambre 428

Je voudrais un oreiller
chambre 631

Le réfrigérateur est vide
chambre 144

Le téléphone ne marche pas
chambre 25

L'ampoule est grillée
chambre 526

La télévision est en panne
chambre 412

RÉCEPTION

SAVOIR DIRE

Le réceptionniste note

RÉPARER	TÉLÉPHONE	. chambre 25
	LAVABO	. chambre 121
REMPLIR	TÉLÉVISION	. chambre 412
	RÉFRIGÉRATEUR	. chambre 144
APPORTER	OREILLER	. chambre 631
	COUVERTURE	. chambre 428

Il donne des ordres

Il faut réparer le ....

Il faut ....

Il faut ....

Il faut ....

Il faut ....

Il faut ....

5. Tu ou vous ?

Observez

Le client à Françoise : **Vous avez** un timbre ?

Françoise à Vincent : **Tu as** un timbre ?

Ils demandent les objets suivants

6. Petit lexique

Je sors à 6 h

Je reviens à 7 h

Comment ça va ?

Bonne nuit !

Comment allez-vous ?

Au revoir.

7. Verbes

Apprenez

donner	fermer	venir (revenir)	sortir
je donne	je ferme	je viens	je sors
tu donnes	tu fermes	tu viens	tu sors
ou	ou	ou	ou
vous donnez	vous fermez	vous venez	vous sortez
il/elle donne	il/elle ferme	il/elle vient	il/elle sort
nous donnons	nous fermons	nous venons	nous sortons
vous donnez	vous fermez	vous venez	vous sortez
ils/elles donnent	ils/elles ferment	ils/elles viennent	ils/elles sortent

SAVOIR VIVRE

A L'HÔTEL

Réservation à l'avance

● Si vous réservez une chambre à l'avance, on vous demande des arrhes et on vous donne un reçu.

Réservation par téléphone

● Si vous réservez par téléphone, vous devez arriver avant 7 heures du soir.
Après 7 heures du soir, l'hôtelier peut donner votre chambre à un autre client.

Les prix

● Les prix doivent être affichés :
à l'extérieur de l'hôtel,
à l'intérieur de la chambre.

Si vous avez un animal

● Vous arrivez avec un animal. L'hôtelier peut refuser de vous recevoir !

Lit supplémentaire

● Vous voulez un lit supplémentaire pour un enfant dans votre chambre. C'est possible, mais l'hôtelier peut augmenter le prix de la chambre.

La Tour Eiffel

A L'HÔTEL (suite)

Vous êtes seul :

● Vous êtes seul. On vous donne une chambre pour deux personnes. Vous ne pouvez pas faire baisser le prix.

Vous ne voulez pas dîner :

● Si l'hôtel est aussi un hôtel-restaurant, vous n'êtes pas obligé d'y prendre votre repas.

La chambre ne correspond pas à la description :

● Vous pouvez demander une autre chambre ou faire baisser le prix.

Relevez dans les cas précédents :

— 1 chose que vous pouvez faire
— 1 chose que vous ne pouvez pas faire
— 1 chose que vous devez faire
— 1 chose que vous n'êtes pas obligé de faire
— 1 chose que l'hôtelier peut faire
— 1 chose que l'hôtelier doit faire

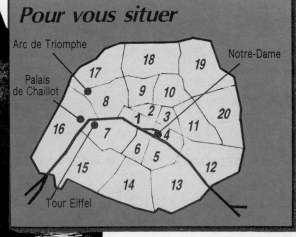

Pour vous situer

PARIS LA NUIT

La Tour Eiffel

Cette charpente métallique de 700 tonnes, 307 mètres de haut, a été construite pour l'exposition universelle de 1889.

Notre-Dame de Paris

Construite en 1163 par l'Evêque Maurice de Sully. C'est un des plus beaux chef-d'œuvre de l'art gothique.

Le Palais de Chaillot

Construit en 1937, il abrite au-dessous de sa terrasse le Théâtre National de Chaillot et le Musée du Cinéma.

Le Palais de Chaillot

C'est ouvert la nuit !

Boulangerie-Pâtisserie

Boulangerie de l'Ancienne Comédie
10, rue de l'Ancienne Comédie 6^e
24 h sur 24, sauf le dimanche (7 h à 21 h)

Cinémas

Une trentaine de cinémas proposent des séances supplémentaires le samedi à minuit. En particulier : Le Grand Pavois, dans le 15^e

Poste

Recette Principale du Louvre
52, rue du Louvre, 1er
24 h sur 24

Supermarché

AS ECO
11 rue de Brantôme, 3^e
24 h sur 24 (sauf du samedi 23 h au lundi 9h)

Restaurants

L'Alsace
39, avenue des Champs-Élysées, 8^e
24 h sur 24

La Cloche d'Or
3, rue Mansart, 9^e
ouverte de 7 h 30 à 5 h du matin

Le Module
106, bd du Montparnasse, 14^e
ouvert tous les jours de 11 h 45 à 3 h du matin

Notre-Dame

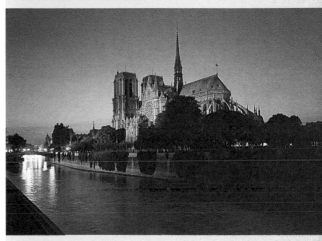

L'Arc de Triomphe
Construit au début du 19e siècle à l'initiative de Napoléon Ier, il abrite la tombe du soldat inconnu.

Entraînez-vous

Il est 6 h du matin, vous avez faim.

1) un lundi
2) un mardi

Où pouvez-vous aller ?

TESTS

1 Quelle heure est-il ?

....

....

Donnez un rendez-vous

....

2 Rappelez-vous

Articles	singulier	pluriel
masculin	le	....
féminin	....	

Complétez

À ..... hôtel :

1)
Le client : ..... chambre est prête ?
Le réceptionniste : Oui monsieur, ... chambre est prête.
Voilà ..... clé.
Le client : ..... restaurant ouvre à quelle heure ?
Le réceptionniste : A 6 h 30 du matin.
Le client : Et ..... soir ?
Le réceptionniste : A 8 heures du soir.
Le client : Il y a ..... télévision dans la chambre ?
Le réceptionniste : Oui monsieur, ... télévision et .....
téléphone.

2)
Le client : Vous avez ..... chambre ?
Le réceptionniste : Non monsieur, ... l'hôtel est complet.
Vous avez ..... hôtel confortable en face.

3 Deux clients se rencontrent
Trouvez les questions

— Où habitez-vous ?
— À Londres.
— Et ..... ?
— Je suis photographe.
— ..... à Paris ?
— À Paris, oui. Mais je travaille aussi à Londres.
— Quand ..... ?
— Je pars demain à 7 heures.
— ..... ce soir ?
— Oui, ce soir je suis libre.

Imaginez le même dialogue entre Vincent et Jean :

....
....
....
....
....
....
....
....
....

4 Retour de vacances
Qu'est-ce qu'elle dit ?

5 L'hôtelier refuse de vous donner une chambre. Pourquoi ?

41

ON VA AUX PUCES ?

4e épisode

DEVANT UNE STATION DE MÉTRO

1 *Vincent :* Bonjour Pierre.

Pierre : Bonjour Vincent.

Françoise : Bonjour Vincent, bonjour Pierre.

Pierre : Qu'est-ce qu'on fait ?

Françoise : On va au Marché aux-Puces.

Vincent : D'accord.

DANS LE MÉTRO

2 *Vincent :* On prend la direction La Courneuve, on change à Gare de l'Est et on prend la direction Porte de Clignancourt.

AU GUICHET

3 *Vincent :* Un carnet s'il vous plaît.

Vincent : Merci...

4 *Vincent donne les tickets à ses amis.* Un, deux, trois, quatre.

À LA STATION GARE DE L'EST

5 *Isabelle :* Gare de l'Est.

Pierre : On change ici.

Vincent : Direction Porte de Clignancourt.

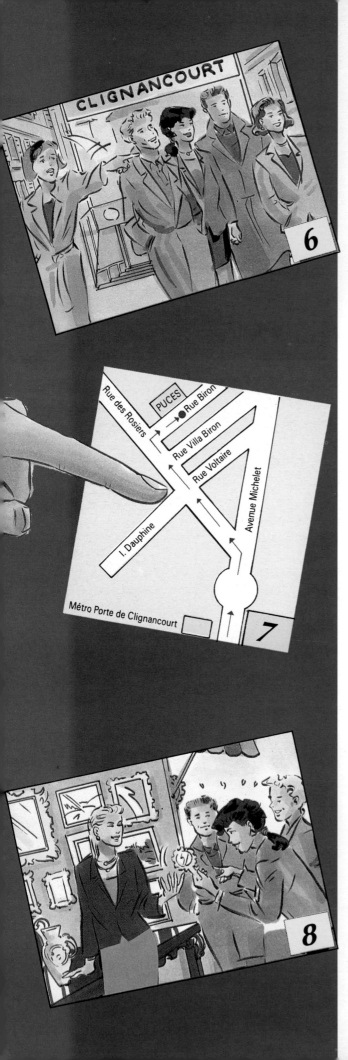

PORTE DE CLIGNANCOURT

6 *Pierre à une passante :* Pour aller aux Puces s'il vous plaît Madame ?

La passante : Vous allez tout droit et après la grande place, vous prenez la première rue à gauche et ensuite la deuxième rue à droite, et c'est tout droit.

Pierre : Merci Madame.

7 *Vincent :* Oui c'est ça : tout droit, après la grande place, la première rue à gauche, et ensuite la deuxième rue à droite.

AUX PUCES

8 *Françoise :* Madame, elle vaut combien cette glace ?

La marchande : Cent francs.

Françoise : C'est cher !

La marchande : Oui, mais elle est belle.

Françoise : Oui, elle est belle, mais c'est cher !

La marchande : C'est pour offrir ?

Françoise : Non, c'est pour moi... C'est cher !

La marchande : Quatre-vingts francs, ça va ?

Vincent : Tu as combien ?

Françoise : 40 francs.
10, 20, 30, 40.

Isabelle : Et 10, 50 francs.

Vincent : Et 10, 60 francs.

Pierre : Et 10, 70 francs.

Françoise : 70, mais c'est 80 francs, il manque 10 francs.

La marchande : Bon, 70 francs ça va. Vous faites une bonne affaire.

Françoise : Merci.

Tous : Au revoir.

DANS UNE BUVETTE, À LA FOIRE DU TRÔNE

9 *Pierre :* J'ai faim.

Vincent : On mange quelque chose !

Pierre : Oui, des saucisses avec des frites.

Le garçon : Qu'est-ce que vous prenez ?

Vincent : 4 saucisses avec des frites s'il vous plaît.

Isabelle : J'ai soif.

Le garçon : Qu'est-ce que vous buvez ?

Vincent : Pour moi, un jus de fruit. Et pour toi ?

Françoise : Pour moi aussi un jus de fruit. Et pour toi ?

Pierre : Pour moi un verre d'eau. Et pour toi ?

Isabelle : Pour moi aussi un verre d'eau.

Le garçon : Alors, deux verres d'eau, deux jus de fruit et quatre saucisses frites.

Le garçon revient avec la commande.

Le garçon : Quatre saucisses frites, deux jus de fruit, deux verres d'eau. Bon appétit.

Françoise : Un verre d'eau pour Isabelle, pour toi Vincent un jus de fruit, pour Pierre un verre d'eau et pour moi un jus de fruit.

À LA LOTERIE

10 *Vincent :* Le 3.

Françoise : Le 4.

Tous : 0, 1, 2, 3, 4, 5, 6, 7, 8.

Vincent : J'ai perdu.

Françoise : Je joue encore.

Vincent : Pas moi.

Tous : 9, 10, 0, 1, 2, 3, 4.

Françoise : J'ai gagné...

11 *Le forain :* Vous avez gagné un lot d'une valeur de trente francs.

Françoise : Merci.

12 *C'est la même glace.*

1. Les nombres

Apprenez

1er premier			2e deuxième
12 douze	30 *trente*	51 cinquante-et-un	81 quatre-vingt-un
13 treize	31 trente-et-un	52 cinquante-deux	82 quatre-vingt-deux
14 quatorze	32 trente-deux	......	......
15 quinze	33 trente-trois	60 *soixante*	90 *quatre-vingt-dix*
16 seize	34 trente-quatre	61 soixante-et-un	91 quatre-vingt-onze
17 dix-sept	35 trente-cinq	62 soixante-deux	92 quatre-vingt-douze
18 dix-huit	36 trente-six	......	93 quatre-vingt-treize
19 dix-neuf	37 trente-sept	70 *soixante-dix*	94 quatre-vingt-quatorze
20 vingt	38 trente-huit	71 soixante-et-onze	95 quatre-vingt-quinze
21 vingt-et-un	39 trente-neuf	72 soixante-douze	96 quatre-vingt-seize
22 vingt-deux	40 quarante	73 soixante-treize	97 quatre-vingt-dix-sept
23 vingt-trois	41 quarante-et-un	74 soixante-quatorze	98 quatre-vingt-dix-huit
24 vingt-quatre	42 quarante-deux	75 soixante-quinze	99 quatre-vingt-dix-neuf
25 vingt-cinq	43 quarante-trois	76 soixante-seize	100 cent
26 vingt-six	44 quarante-quatre	77 soixante-dix-sept	101 *cent un*
27 vingt-sept	45 quarante-cinq	78 soixante-dix-huit	......
28 vingt-huit	......	79 soixante-dix-neuf	200 deux cents
29 vingt-neuf	50 *cinquante*	80 *quatre-vingts*	201 deux cent un
			......

Dans une boutique hors-taxes... (ou une boutique de souvenirs)

Marie a 200 F
Qu'est-ce qu'elle peut acheter ?
Elle peut acheter...

Qu'est-ce qu'elle ne peut pas acheter ?

Elle ne peut pas acheter...
Il manque ... F

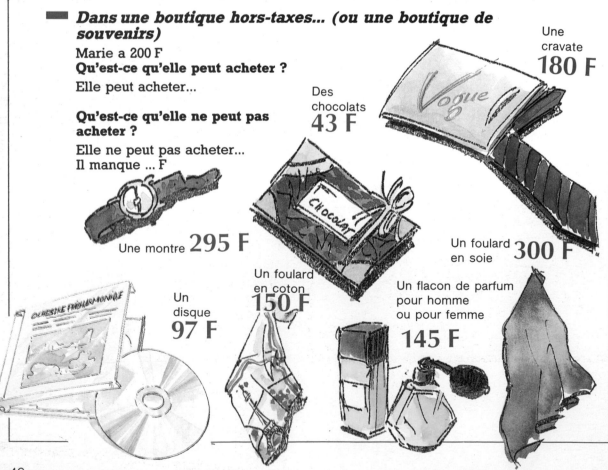

Une cravate **180 F**

Des chocolats **43 F**

Une montre **295 F**

Un foulard en soie **300 F**

Un disque **97 F**

Un foulard en coton **150 F**

Un flacon de parfum pour homme ou pour femme **145 F**

2. Pour aller à...

Observez

Où allez-vous ? Je vais **à l'**aéroport.
à la gare.
au cinéma.
aux Puces.

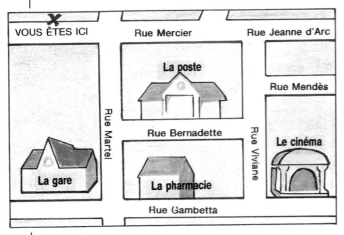

Vous cherchez la pharmacie. **Vous dites :**

— Pour aller à la pharmacie ?

On vous répond :
— Vous prenez la première rue à droite, puis la deuxième rue à gauche.

ou

— Vous tournez à droite.

Demandez

la gare, la poste, le cinéma, la rue Mendès-France.

Demandez un des lieux indiqués

Imaginez la réponse

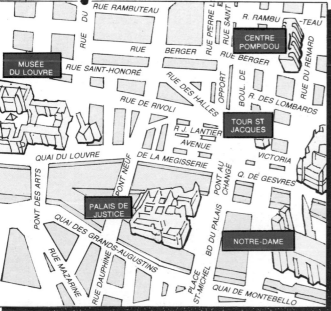

A un avenue	**E** un boulevard	**I** une rue
B une place	**F** un quai	**J** un musée
C un théâtre	**G** une tour	**K** un centre
D un palais	**H** un pont	

SAVOIR DIRE

3. Au café

Observez

Le garçon	: Qu'est-ce que vous buvez ?
Vincent	: Moi, un café.
Stéphane	: Pour moi aussi un café. Et pour toi Isabelle ?
Isabelle	: Pour moi, un jus d'orange.
Vincent	: C'est combien ?
Le garçon	: Deux cafés, 12 F, plus un jus d'orange, 13 F. Ça fait 25 F.

NOTEZ BIEN

Pour { moi / toi	C'est combien ? **C'est ... F.**	Un café, un jus d'orange, ça fait 19 F.
Pour { moi aussi / toi aussi		

Imaginez la commande qui correspond à chacun des dessins. Faites l'addition

4. Verbes

Conjugaison

Prendre

je prends	nous prenons
tu prends	vous prenez
ou	ils/elles prennent
vous prenez	
il/elle/on prend	

Boire

je bois	nous buvons
tu bois	vous buvez
ou	ils/elles boivent
vous buvez	
il/elle/on boit	

Emplois

On prend { un taxi / le métro / une direction / une rue / un jus d'orange

SAVOIR VIVRE

LE MÉTRO

Le métro de Paris se compose de 15 lignes et comporte 366 stations, dont 75 correspondances. Le métro transporte 4 millions (4 000 000) de voyageurs par jour dans la région parisienne.

Il marche de 5 h 30 du matin à 1 h 30 le lendemain. Aux heures de pointe, il y a un métro toutes les minutes 35 secondes (1'35"). Aux heures creuses, un métro toutes les 7 minutes (7').

Le trajet dure en moyenne 1,5 minute entre deux stations.

Pour les touristes, il existe une carte « Sésame ».

Abbesse
Une des dernières stations
« Art Nouveau », conçues par Guimard
dans les années 1900.

Vous achetez votre billet au guichet

Vous compostez votre billet

Vous choisissez votre direction

La correspondance est indiquée sur le quai

Attention, prenez la bonne direction

Entraînez-vous

Vous êtes à la Porte d'Orléans. Vous voulez visiter les monuments indiqués. Comment faites-vous ? Pour aller ......, je prends ......

Le Grand Palais
Champs-Élysées – Clémenceau

Beaubourg
Centre G. Pompidou
Rambuteau

Le Sacré-Cœur
Abbesse

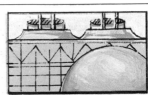

La Cité des Sciences et de l'Industrie
Porte de la Villette

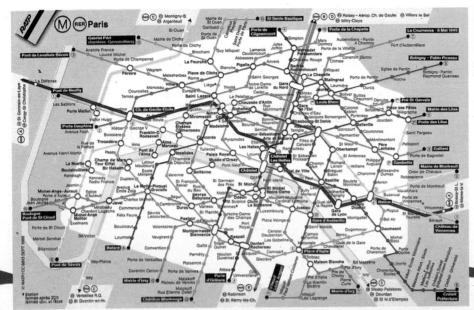

L'Opéra
Opéra

Le Parc Omnisports Paris-Bercy
Bercy

49

L'ARGENT FRANÇAIS

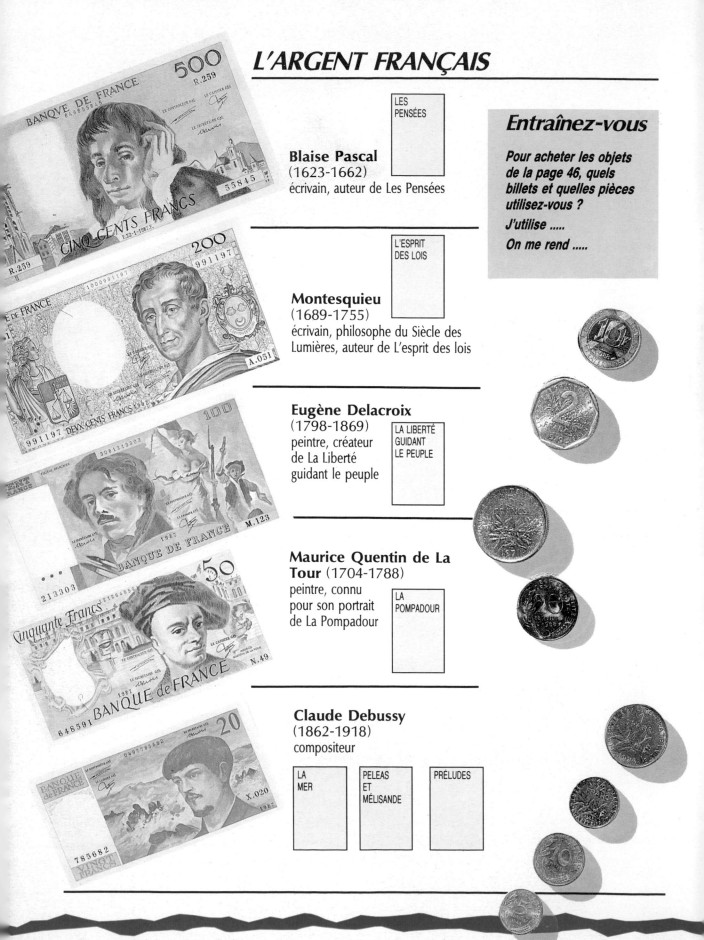

LES
PENSÉES

Blaise Pascal
(1623-1662)
écrivain, auteur de Les Pensées

L'ESPRIT
DES LOIS

Montesquieu
(1689-1755)
écrivain, philosophe du Siècle des
Lumières, auteur de L'esprit des lois

Eugène Delacroix
(1798-1869)
peintre, créateur
de La Liberté
guidant le peuple

LA LIBERTÉ
GUIDANT
LE PEUPLE

**Maurice Quentin de La
Tour** (1704-1788)
peintre, connu
pour son portrait
de La Pompadour

LA
POMPADOUR

Claude Debussy
(1862-1918)
compositeur

LA MER	PELEAS ET MÉLISANDE	PRÉLUDES

Entraînez-vous

*Pour acheter les objets
de la page 46, quels
billets et quelles pièces
utilisez-vous ?*

J'utilise .....

On me rend .....

Chez les antiquaires du marché aux puces

LES PUCES

Le marché aux Puces de Saint Ouen, qui existe depuis plus de 100 ans, reçoit chaque week-end à peu près 150 000 visiteurs, c'est-à-dire plus que Versailles, le Sacré-Cœur, la Tour Eiffel. Il est ouvert aussi le lundi, de 9 h à 19 h. Plus de 2 000 marchands et antiquaires et une vingtaine de buvettes y font leurs affaires — 400 millions de francs — dont près de 70 % avec des étrangers, principalement Italiens, Belges, Hollandais, Anglais et Allemands.

LA FOIRE DU TRÔNE

Depuis plus de 20 ans, la Foire du Trône,
au Bois de Vincennes,
attire petits et grands.
Elle offre 300 attractions,
dont la fameuse « Grande Roue ».

TESTS

1 *Écrivez les nombres en toutes lettres*

14	17	21	28
....	....	....	....
30	34	41	46
....	....	....	....
80	81	90	94
....	....	....	....

2 *À partir de ces tickets, trouvez la commande*

a)
```
   12.00
+   9.00
────────
   21.00
```

b)
```
   10.00
+   7.00
────────
   17.00
```

c)
```
    8.00
+  11.00
────────
   19.00
```

Bière	12 F
Coca-Cola	10 F
Jus de fruit	11 F
Café	7 F
Thé	9 F
Chocolat	8 F

a) Le garçon : Qu'est-ce que .... ?
Le client : Je ....

b) Le garçon : Qu'est-ce que .... ?
Le client : Je ....

c) Le garçon : Qu'est-ce que .... ?
Le client : Je ....

3 *Qu'est-ce qu'ils ont commandé ?*

	1	2	3
	....	....	....
	....	....	....
	....	....	....
	....	....	....

Faites l'addition. Avec quels billets payez-vous ?

4 *Rappelez-vous*

Pour } moi   .... }
Avec } .... } aussi

— Je vais au cinéma. Tu viens avec .... ?
— Le jus d'orange, c'est pour .... ? Oui, c'est pour ....
— Je prends un coca, et .... ? .... aussi, je prends un coca.

5 Indiquez l'itinéraire

— **Pour aller au Jardin du Luxembourg ?**
— **Vous** ....

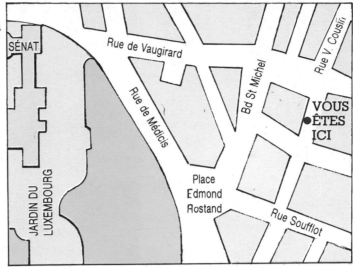

6 Où vont-ils ?

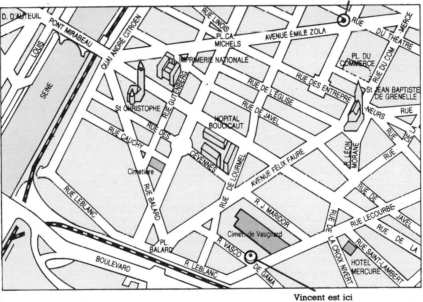

7 Qu'est-ce qu'ils ont gagné ?
Indiquez le prix

1. Il a gagné ....
2. ....
3. ....

53

LE TGV POUR LYON

5ᵉ épisode

À L'HÔTEL CONCORDE

1 *Le chef du personnel :* Vous partez demain matin à Lyon.

Françoise : Bien Monsieur.

Le chef du personnel : Vous allez visiter le restaurant de Paul Bocuse. Vous partez à 10 heures. Gare de Lyon.

Françoise : Oui Monsieur.

Le chef du personnel : Ramenez-moi des fromages de Lyon.

Françoise : Lesquels ?

Le chef du personnel : Des Saint-Marcellin.

Françoise : Combien ?

Le chef du personnel : Une vingtaine.

Françoise : Bien Monsieur.

Le chef du personnel : Allez, bon voyage. Au revoir.

Françoise : Merci, au revoir.

À LA GARE DE LYON

2 *Vincent :* Le train pour Lyon part à quelle heure ?

Un agent SNCF : Vous avez les horaires sur le tableau.

Isabelle : Merci.

3 *Le guichetier :* Un aller Marseille, seconde, départ 10 h 13, arrivée 15 h 11.

4 *Le client :* Merci.

La cliente : Un billet pour Avignon s'il vous plaît.

Le guichetier : 1ère ou 2e classe ?

La cliente : 1ère classe.

Le guichetier : Aller simple ou aller-retour ?

La cliente : Aller-retour.

Le guichetier : Fumeurs ou non fumeurs ?

La cliente : Non fumeurs.

Un autre client : Bonjour. Je voudrais un aller simple deuxième classe, fumeurs pour Dijon s'il vous plaît.

Le guichetier : À quelle heure ?

Le client : 9 h 37.

Vincent : Je voudrais quatre billets pour Lyon s'il vous plaît.

Le guichetier : Aller simple ?

Vincent : Non aller et retour pour le TGV de 10 h.

Le guichetier : Première ou seconde classe ? fumeurs ou non fumeurs ?

Vincent : Seconde classe, non fumeurs.

Le guichetier : Quatre billets allers-retours pour Lyon, cela fait 1 888 F.

Vincent : Merci.

DANS LE TGV

5 *Vincent :* Voiture 7.

6 *Vincent :* 42, 43, 45, 46. Choisissez.

Françoise : Je prends le coin fenêtre.

Isabelle : Moi, le coin couloir.

Vincent à Pierre : Ça va, cette place ?

Pierre : Oui, ça va.

7 *Le contrôleur :* Vos billets, s'il vous plaît.

À LYON, CHEZ LA MÈRE PETIT

8 *Vincent :* On voudrait rapporter des fromages de la région à Paris.

La mère Petit : Oui, bien sûr.

Pierre : On achète des Saint-Marcellin ?

Françoise : Oui. Combien ?

Vincent : Une vingtaine.

VOYAGE DE RETOUR DANS LE TGV

9 *Françoise :* Ça sent mauvais !

Vincent : Oui.

Françoise : Qu'est-ce qu'on fait ?

Vincent : On les mange.

Françoise : Oui.

Vincent : Vous en voulez ?

Un voyageur : Oui, merci.

ARRIVÉE À PARIS

10 *Vincent :* Et les fromages pour le Directeur ?

Françoise : Oh, là, là...
Attends, j'ai une idée, ...

À PARIS, AU MARCHÉ

11 *La vendeuse :* Vous désirez ?

Françoise : Je voudrais des Saint-Marcellin.

La vendeuse : Combien ?

Françoise : Vingt Saint-Marcellin.

À L'HÔTEL CONCORDE

12 *Le chef du personnel :* Oui entrez.

Françoise : Bonjour Monsieur le Directeur.

Le chef du personnel : Bonjour Françoise. Et ce voyage à Lyon ?

Françoise : Ça s'est bien passé.

Le chef du personnel : Vous avez vu Paul Bocuse ?

Françoise : Oui Monsieur.

Le chef du personnel : Et mes fromages ?

Françoise : Les voilà.

Le chef du personnel : Merci, Françoise.

Françoise : Au revoir Monsieur le Directeur.

Le chef du personnel : Au revoir Françoise.

SAVOIR DIRE

1. Un billet s'il vous plaît

■ Observez

— Je voudrais un billet pour
Saint-Malo, s'il vous plaît.
— Aller simple ?
— Non, aller-retour.
— Première ou seconde classe ?
— Seconde classe.
— Fumeurs ou non fumeurs ?
— Non fumeurs.
— Plein tarif ?
— Oui, plein tarif. C'est combien ?
— 423 F avec la réservation.

NOTEZ BIEN

une place assise { fenêtre / couloir	plein tarif
une couchette	demi-tarif
un compartiment	supplément
une voiture	1ʳᵉ classe [1]
fumeurs	2ᵉ classe [2]
non fumeurs	

■ Apprenez

200	deux cents	1221	mille deux cent vingt et un
300	trois cents	2000	deux mille
1000	mille	3000	trois mille
1200	mille deux cents		

■ *Imaginez le dialogue au guichet à partir des indications suivantes*

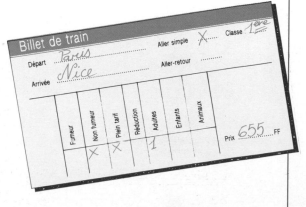

2. Horaires

Observez

Il est... huit heures du matin

huit heures du soir
ou
vingt heures

huit heures moins cinq
ou
sept heures cinquante cinq

huit heures moins le quart
ou
dix-neuf heures quarante-cinq

Quelle heure est-il ?

8H 10	4H05	4H05	7H35	7H35
....	....	....	....	....

Ils prennent le même train, mais ils ne vont pas au même endroit

Mathilde :
> J'arrive à quatorze heures quatorze

Isabelle :
> Moi, j'arrive à quatorze heures quarante-quatre

Patrick :
> Moi, j'arrive à trois heures et quart de l'après-midi

Numéro du train	3337	3082/3	3307	3341	6037	3937	3309	327	3909	3309	3068/9	3943
Notés à consulter	19		18	20	21	22	23	7	24	25	21	26
Paris-St-Lazare	10.50		11.29	11.50		12.38	13.00		13.00	13.29		14.10
Bueil					13.10							
Évreux-Embranchement	11.45			12.45	13.35	13.46	13.55	14.00	14.05			15.16
Conches						13.58		14.27				
Serquigny	12.06	12.13				14.14				15.10		
Bernay		12.20		13.11		14.23				15.18	15.46	
Lisieux	12.29	12.39	13.00	13.28		14.44	14.34		14.51	15.39	16.07	
Mézidon		12.56								15.59		
Caen	12.57	13.16	13.25	13.54		15.15	14.59		15.23	15.24	16.16	16.39

19. Circule tous les jours sauf les sam.

20. Circule tous les jours sauf les dim. et fêtes.   certains jours

21. Circule tous les jours sauf les dim. et fêtes.

22. Circule les sam. sauf les 26 déc. 87 et 2 jan. 88.

23. Circule tous les jours sauf les sam. et sauf les 30 oct., 23, 24, 31 déc. 87, 1er, 3 avr., 20 et 22 mai 88.   certains jours.

24. Circule les 30 oct., 23, 24, 31 déc. 87, 1er avr. et 20 mai 88.

25. Circule les sam. sauf les 31 oct. 87, 2 avr. et 21 mai 88.

26. Circule les vend. sauf les 25 déc. 87 et 1er jan. 88. Circule les 31 oct. 22, 23, 24, 31 déc. 87, 3 jan., 21 fév., 26 mars, 2 avr., 11 er 21 mai 88.

27. Circule tous les jours sauf les ven. et sauf les 31 oct., 22, 23, 24, 31 déc. 87, 3 jan., 21 fév., 26 mars, 2 avr., 11 et 21 mai 88. Circule les 25 déc. 87 et 1er jan. 88.

Quel train prennent-ils ?
Où vont-ils ?
Quel jour de la semaine ?

Mathilde :
elle va à ....
elle prend le train pour..............................

Isabelle :
elle va à ....
elle prend le train pour..............................

Patrick :
il va à ....
il prend le train pour ....

3. Du, de la...

Observez

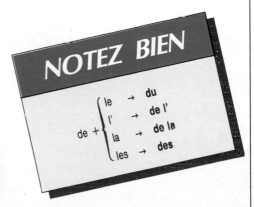

NOTEZ BIEN

$$de + \begin{cases} le & \rightarrow & du \\ l' & \rightarrow & de\ l' \\ la & \rightarrow & de\ la \\ les & \rightarrow & des \end{cases}$$

■ *Complétez ces panneaux*

| Hôtel .... Poste |
| Café .... Musée |
| Rue .... Théâtre |

| Restaurant .... Palais |
| Pharmacie .... Tour |
| Restaurant .... Centre |

4. Ce, cette, ces

— Je voudrais **cette** glace.
— **Cette** glace, voilà madame.
— C'est combien ?
— C'est 85 F.

— Je voudrais **ce** train.
— **Ce** train, voilà monsieur.
— C'est combien ?
— C'est 150 F.

— Je voudrais **cet** avion.
— **Cet** avion, voilà monsieur.
— C'est combien ?
— C'est 83 F.

— Je voudrais **ces** enveloppes.
— **Ces** enveloppes, voilà monsieur.
— C'est combien ?
— C'est 8 F.

NOTEZ BIEN

Démonstratifs	singulier	pluriel
masculin	ce, cet + a e i o u	ces
féminin	cette	

■ *Demandez les objets suivants en utilisant un démonstratif :*

des mouchoirs, un carnet, un plan de Paris, des bonbons, un portefeuille, une enveloppe.

5. Verbes
■ *Apprenez*

choisir
je choisis
tu choisis
ou
vous choisissez
il/elle/on choisit
nous choisissons
vous choisissez
ils/elles choisissent

voir
je vois
tu vois
ou
vous voyez
il/elle/on voit
nous voyons
vous voyez
ils/elles voient

SAVOIR VIVRE

RÉSERVATIONS

Quand on prend le train, on peut réserver sa place à l'avance. Pour le T.G.V., la réservation est obligatoire, mais on peut la faire juste avant de partir.

RÉDUCTIONS

La carte Carré-Jeune

Si vous avez moins de 26 ans, vous pouvez faire en 1 an : 4 voyages simples ou 2 aller-retour avec une réduction de 50 % en période bleue.
Prix de la carte : 145 F.

Période bleue	Période blanche	Période rouge
en général, du samedi 12 h au dimanche 15 h, du lundi 12 h au vendredi 12 h	en général, du vendredi 12 h au samedi 12 h, du dimanche 15 h au lundi 12 h et quelques jours de fêtes	les jours peu nombreux, correspondant aux grands départs

La carte Inter Rail

Elle est intéressante si vous voyagez en Europe. Vous pouvez circuler gratuitement pendant 1 mois dans 20 pays européens (50 % de réduction en France).
Prix de la carte : 1 320 F.

LES INCIDENTS DE PARCOURS

● Vous avez oublié de composter votre billet ou vous avez oublié de l'acheter, vous devez payer un supplément égal à 20 % du prix du billet.

● Vous avez acheté un billet, mais vous ne l'avez pas utilisé. On vous le rembourse (vous avez un délai de 4 mois) ou on vous l'échange (vous avez un délai de 2 mois). Mais vous payez 25 F.

LES GRANDES LIGNES PARIS-PROVINCE

Lille 2.03
Brest 6.18
Rennes 3.27
Paris
Dijon 2.50
Quimper 6.23
Nantes 3.20
Besançon 4.13
Le Croisic 4.36
Tours 2.45
La Rochelle 5.12
Chalon/Saône 3.33
Genève 5.20
5.26
Annecy 6.55
St Etienne
Chambéry 6.03
Lyon 5.04
Bordeaux 5.44
Toulouse 6.47
Grenoble 5.40
10.29 Nice
Tarbes 7.25
Marseille 7.24
Hendaye 7.05
Montpellier 7.21

LES LIGNES DU T.G.V.

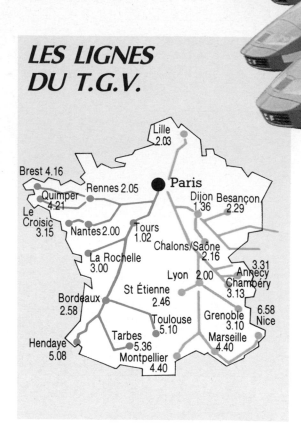

Lille 2.03
Brest 4.16
Rennes 2.05
Paris
Dijon 1.36
Besançon 2.29
Quimper 4.21
Le Croisic 3.15
Nantes 2.00
Tours 1.02
Chalons/Saône 2.16
La Rochelle 3.00
Lyon 2.00
3.31
Annecy
St Étienne 2.46
Chambéry 3.13
Bordeaux 2.58
Toulouse 5.10
Grenoble 3.10
6.58 Nice
Tarbes 5.36
Marseille 4.40
Hendaye 5.08
Montpellier 4.40

RÉSEAU SNCF AU DÉPART DE PARIS

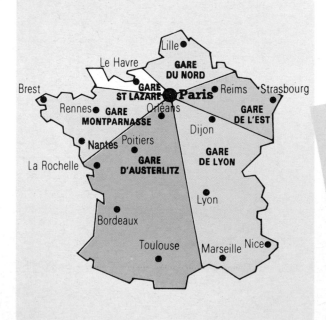

Lille
Le Havre
GARE DU NORD
Brest
GARE ST LAZARE
Paris
Reims
Strasbourg
Orléans
GARE DE L'EST
Rennes
GARE MONTPARNASSE
Dijon
Nantes
Poitiers
GARE DE LYON
La Rochelle
GARE D'AUSTERLITZ
Lyon
Bordeaux
Toulouse
Marseille
Nice

Le Train à Grande Vitesse (T.G.V.) inauguré en 1981, permet de relier Paris à la province, à la vitesse de 260 km/h. Il ne coûte pas plus cher que le train ordinaire, mais il faut payer 12 F pour la réservation.

Entraînez-vous

Vous mettez combien de temps pour aller de Paris à Lille

— en T.G.V. ?
— en train ordinaire ?
Et pour aller — à Dijon ?
— à Grenoble ?

La gare St-Lazare
à l'époque de Monet

Claude Monet « La gare Saint Lazare » Musée d'Orsay, Paris.

TESTS

1 *Rappelez-vous*

Démonstratifs	singulier		pluriel
masculin	....	$\left\{ \begin{array}{c} \\ + \\ \\ \end{array} \right.$ a e i o u	....
féminin	....		

Complétez avec un démonstratif

Vous prenez .... foulard ? Je voudrais .... cravate, s'il vous plaît.
.... train, c'est bien le train pour Londres ? .... avion arrive de Dakar ?
Je choisis .... portefeuille. C'est combien, ... chocolats ?

2 *À quelle heure ces trains partent-ils ? Sur quelle voie ?*

DÉPARTS			
Destinations	N°	Horaire	Voie
Marseille	....	....	....
Lyon	....	....	....
Besançon	....	....	....
....	....	....	....
....	....	....	....

3 *Remplissez les billets suivants à partir des conversations enregistrées*

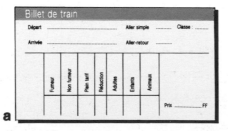

a

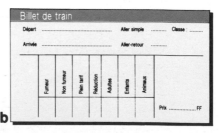

b

4 *Complétez*

C'est la photo .... pilote   Vous avez le plan .... métro
.... hôtesse de l'air   .... hôtel
.... secrétaire   .... gare
.... avocate   .... aéroport

64

5 *Remplissez ce tableau en indiquant par une croix (×) si les trains partent ou arrivent et sur quelle voie*

Villes	Départ	Arrivée	Voie	Heure
Metz	....	....	....	....
Mulhouse	....	....	....	....
Reims	....	....	....	....
Nancy	....	....	....	....
Meaux	....	....	....	....

6 *Vous êtes à Paris*

Vous allez à Dol, vous voulez arriver avant 16 h 30, et vous voulez déjeuner « à la place » dans le train.

Quel train choisissez-vous ? Est-ce qu'il est direct ?

Numéro du train		3655	3589	88625	87631	87631	3609	3673	3709	3583	3283	3715	3025/4
Notes à consulter		17	18	19	20	21	22	23	24	18	25	26	27
Paris-Montparnasse	D	09.09					11.32		11.49			12.52	
Paris-Vaugirard	D												
Le Mans	D	11.01					13.33		13.43			14.46	
Rennes	D	12.31			12.45	12.50	15.00	15.10	15.22			16.09	16.17
Combourg	A	13.00			13.28	13.28							
Dol	A	13.13			13.41	13.41		15.42	15.55				16.51
Dol	D	13.14		13.23	13.42	13.42		15.43	15.56	16.05			
Dinan	A			13.53						16.26			
St-Malo	A	13.30	13.40		14.02	14.02		15.59	16.12	16.22			
Dinard	A		14.05						16.47				

17. Circule du 1er juil au 3 sept 88 : tous les jours. CORAIL [icon] certains jours.

18. Circule du 1er juil au 3 sept 88 : tous les jours. 2eCL AUTOCAR.

19. Circule du 1er juil au 3 sept 88 : tous les jours. Arrêt à Pleudihen à 13 h 44 m du 2 juil au 3 sept : les sam et le 13 juil.

20. Circule à partir du 7 sept 88 : les mer et sam.

21. Circule jusqu'au 3 sept 88 : les mer et sam.

22. CORAIL   1reCL [icon]

23. Circule : les 4, 11, 18, 25 juin, 10, 17 et 24 sept 88.

24. Circule : du 1er juil au 3 sept 88 : tous les jours. CORAIL [icon]

symboles

A	Arrivée	[icon]	Voiture-restaurant
B	Départ	[icon]	Grill-express
Cabine 8		[icon]	Restauration à la place
[icon]	Couchettes	[icon]	Bar
[icon]	Voitures-lits	[icon]	Vente ambulante

TÉLÉPHONEZ-MOI

6ᵉ épisode

DANS UNE CABINE TÉLÉPHONIQUE, PLACE DE LA BASTILLE

1 *Un passant :* Il faut une télécarte.

2 *Vincent au buraliste :* Je voudrais une télécarte.

Le buraliste : 40 F Monsieur.

3 *Vincent :* Allô bonjour... Je voudrais parler à Monsieur Pasquier.

La standardiste à Vincent : Ne quittez pas, je vous passe sa secrétaire.

à la secrétaire : C'est pour Monsieur Pasquier.

4 *La secrétaire :* Monsieur Pasquier n'est pas là. Vous pourriez rappeler plus tard ? Il est dix heures moins dix... rappelez à dix heures.

Vincent : D'accord, je le rappelle dans dix minutes.

La secrétaire : Au revoir Monsieur.

Vincent : Merci, au revoir.

5 *Dix minutes plus tard, dans la même cabine, un homme téléphone.*

L'homme : J'ai un rendez-vous. Je suis en retard. J'arrive dans 20 minutes. Merci.

Vincent : Dépêchez-vous !

6 **L'homme :** Soyez poli jeune homme.

7 *Vincent rappelle la secrétaire.*

8 **Vincent :** Allô, bonjour je voudrais parler à M. Pasquier.

La standardiste : Ne quittez pas, je vous passe sa secrétaire. C'est pour M. Pasquier.

Vincent : Je voudrais parler à M. Pasquier.

La secrétaire : Excusez-moi, je vous entends mal. Vous pouvez parler plus fort ?

Vincent : Je voudrais parler à M. Pasquier.

La secrétaire : Monsieur Pasquier n'est pas là. Vous voulez laisser un message ?

Vincent : J'ai un rendez-vous avec lui ; je suis en retard, je prends un taxi et j'arrive dans un quart d'heure.

La secrétaire : Monsieur Pasquier est en retard lui aussi.

Vincent : Merci, au revoir.

À UNE STATION DE TAXI

9   *L'homme :* Ah non, pas vous !

10

11

DANS LE BUREAU DE M. PASQUIER

12   *Vincent :* Bonjour Mademoiselle.

La secrétaire : Bonjour Monsieur. Que désirez-vous ?

Vincent : Je suis Vincent Dubois, j'ai rendez-vous avec Monsieur Pasquier.

La secrétaire : Ah oui, vous avez téléphoné ?

Vincent : Oui j'ai téléphoné à 10 heures.

La secrétaire : Un instant.

13   *La secrétaire :* Monsieur Pasquier, M. Dubois est là.

Pasquier : Ah non... Il est trop tard, je ne veux pas le voir.

La secrétaire : Désolée... Il est trop tard, Monsieur Pasquier ne veut pas vous voir.

SAVOIR DIRE

1. Téléphoner

Observez

a) Vincent : Allô ? Je voudrais parler à monsieur Martin.
M. Martin : C'est moi.
Vincent : Bonjour monsieur. Vincent à l'appareil.

b) Vincent : Je voudrais parler à monsieur Martin.
La secrétaire : Vous êtes monsieur... ?
Vincent : Vincent.
La secrétaire : Ne quittez pas, je vous le passe.

c) Vincent : Je voudrais parler à monsieur Martin.
La secrétaire : Il n'est pas dans son bureau. Vous pouvez rappeler plus tard ?
Vincent : D'accord, je le rappelle dans 15 mn.

d) Vincent : Je voudrais parler à monsieur Martin.
La secrétaire : Monsieur Martin n'est pas là. Vous voulez laisser un message ?

Apprenez

Pour téléphoner

— Allô, Thomas Bertin à l'appareil.
Je voudrais parler à M. Martin...
— Ne quittez pas, je vous le passe.
...
— Allô, je voudrais parler à
M. Martin...
{ — C'est de la part de qui ?
{ — Qui est à l'appareil ?
— Thomas Bertin...
— Vous pouvez épeler votre nom.
— T, H, O, M, A, S.
...

Vincent   Secrétaire   Mr Martin

M. Martin n'est pas là :
{ — Vous pouvez rappeler dans
{ 20 minutes ?
{ — Vous voulez laisser un message ?

— Vous vous trompez de numéro.
— Je vous entends mal,
vous pouvez parler plus fort ?

Vincent   Secrétaire   Mr Martin

Liste officielle des P.T.T.

		Raoul
	Irma	Suzanne
Anatole	Joseph	Thérèse
Berthe	Kléber	Ursule
Célestin	Louis	Victor
Désiré	Marcel	William
Eugène	Nicolas	Xavier
Émile	Oscar	Yvonne
François	Pierre	Zoé
Gaston	Quintal	
Henri		

2. le, la, les

■ *Observez*

— Vincent est là ?
— Oui, je vous **le** passe.

— Je cherche le plan de Paris,
tu **l'**as ?

— Je voudrais parler à Isabelle.
— Elle n'est pas là. Vous pouvez **la**
rappeler à 10 heures ?

— Les clés, tu **les** as ?

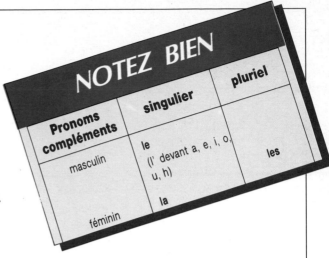

Pronoms compléments	singulier	pluriel
masculin	le (l' devant a, e, i, o, u, h)	les
féminin	la	

■ *Remplacez le mot souligné par les mots proposés*

À la maison :
— Où est le <u>stylo</u> ?
— Je **le** cherche.

Dans un magasin :
— Vous prenez <u>cette glace</u> ?
— Oui, je **la** prends.

■ *Complétez*

A l'hôtel
L'ampoule est grillée.
Le réfrigérateur est vide.
Le téléphone est en panne.

Il faut ..... changer.
Il faut ..... remplir.
Il faut ..... réparer.

3. Avec lui, avec elle

■ *Observez*

— Monsieur Vincent est là ?
— Oui.
— J'ai rendez-vous avec **lui**.

— Madame Vincent est là ?
— Oui.
— J'ai rendez-vous avec **elle**.

pour / avec { moi / toi / lui / elle }

moi / toi / lui / elle } aussi

■ *Remplacez le nom souligné par un autre prénom*

— Ce jus de fruit, c'est pour <u>Isabelle</u> ?
— Oui, c'est pour **elle.**

(Françoise, Vincent,
Monsieur Morin, Madame
Charpentier).

■ *Complétez*

— Tu pars en voyage ?
— Oui.
— Et Vincent ?
— ..... aussi.

— Vous allez aux Puces ?
— Oui.
— Et Isabelle ?
— .... aussi.

Numéro du train	3643
Notes à consulter	31

Paris-Montparnasse	**18.22**
Paris-Vaugirard	|
Versailles-Chantiers	|
Chartres	|
Le Mans	**20.10**
Sillé-le-Guillaume	**20.30**
Evron	**20.44**
Laval	**21.01**
Vitré	**21.26**
Rennes	**21.49**

4. Dans 1/4 d'heure

■ *Observez*

— On arrive au Mans dans combien de temps ?
— Dans 20 mn (vingt minutes).

■ *Refaites le dialogue en indiquant les autres arrêts (Laval, ...)*

■ *Observez*

— L'avion pour Stockholm part dans combien de temps ?
— Dans 1/2 heure (une demi-heure)

■ *Faites le même dialogue avec Londres, Los Angeles, Zurich*

■ *Observez*

— La poste ferme dans combien de temps ?
— Dans 1/4 d'heure (un quart d'heure).

POSTES

HEURES D'OUVERTURES
LUNDI MARDI JEUDI
9 h 12 h 30 15 h 15 19 h 30
VENDREDI
9 h 12 h 30 15 h 15 20 h
SAMEDI
9 h 19 h 30
sans interruption
DIMANCHE
9 h 12 h 45
fermé le mercredi•

■ *Faites le même dialogue avec les lieux et les horaires suivants*

PHARMACIE		BANQUE		MUSÉE	
Ouverture	Fermeture	Ouverture	Fermeture	Ouverture	Fermeture
il est :		il est :		il est :	

5. Verbes

■ *Apprenez*

Rappeler	**Vouloir**	**Pouvoir**
je rappelle	je veux	je peux
tu rappelles	tu veux	tu peux
il/elle/on rappelle	il/elle/on veut	il/elle/on peut
nous rappelons	nous voulons	nous pouvons
vous rappelez	vous voulez	vous pouvez
ils/elles rappellent	ils/elles veulent	ils/elles peuvent

LE TÉLÉPHONE

Pour téléphoner, vous pouvez utiliser l'une des 167 000 cabines téléphoniques placées dans les lieux publics.
Il faut :

— des pièces de 1 F, 2 F ou 5 F ;
— une télécarte de 50 ou 120 unités qu'on achète dans les bureaux de poste ou dans les bureaux de tabac.

Comment obtenir votre correspondant à l'étranger

| décrochez | tonalité | 19 | tonalité | indicatif du pays | indicatif de zone | numéro demandé |

Entraînez-vous

Vous êtes à Paris, vous voulez téléphoner à Londres, à Rome, à Genève, ..., ..., ...

Quel numéro faites-vous ?

Je fais le ..... et le .....

Vous téléphonez 10 mn. Cela vous coûte combien ?

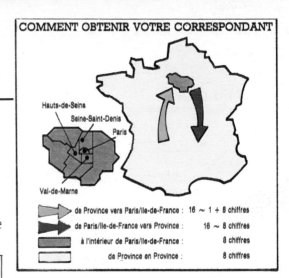

COMMENT OBTENIR VOTRE CORRESPONDANT

- de Province vers Paris/Île-de-France : 16 ~ 1 + 8 chiffres
- de Paris/Île-de-France vers Province : 16 ~ 8 chiffres
- à l'intérieur de Paris/Île-de-France : 8 chiffres
- de Province en Province : 8 chiffres

Tarif des communications téléphoniques

	6 h	8 h	12 h 30	13 h 30	18 h	21 h 30	22 h 30	6 h
DU LUNDI AU VENDREDI								
SAMEDI								
DIMANCHE ET FÊTES								

- Plein tarif
- 30% de réduction
- 50% de réduction
- 65% de réduction

Ces tarifs s'appliquent aux communications échangées à l'intérieur de la France métropolitaine.

Tarifs réduits :

— du lundi au samedi de 20 h à 10 h pour le Canada et les États-Unis. de 21 h 30 à 8 h pour Israël et les pays africains d'expression française. de 23 h à 8 h pour l'Algérie, le Maroc et la Tunisie. de 23 h à 9 h 30 pour le Portugal.
— du lundi au vendredi, de 21 h 30 à 8 h et le samedi, de 14 h à 18 h pour les autres pays de la CEE, la Suisse, l'Autriche et la Yougoslavie.
— les dimanches et jours fériés : toute la journée pour ces mêmes pays.

Indicatif des pays et coût moyen d'une minute de conversation

pays demandés	automatique		opérateur	pays demandés	automatique		opérateur
	19 et ↓	1 mn coûte	19.33 et ↓		19 et ↓	1 mn coûte	19.33 et ↓
Algérie (7)	213	8,27 F	213	Mexique	52	19,10 F	52
■ Allemagne (RDA)	37	6,57 F	37	■ Bulgarie	359	6,57 F	359
Allemagne (RFA) (3)	49	4,50 F	49	■ Cameroun (4)	237	14,60 F	237
■ Argentine	54	19,10 F	54	Canada (1)	1	9,37 F	11
■ Australie	61	19,10 F	61	■ Centrafricaine (Rép.) (4)	236	14,60 F	236
■ Autriche (6)	43	6,57 F	43	■ Chine (Rép. pop. de)	86	21,90 F	86
■ Belgique (3)	32	4,50 F	32	■ Colombie	57	19,10 F	57
Bolivie	591	21,90 F	591	■ Congo (4)	242	14,60 F	242
Brésil	55	19,10 F	55	■ Côte-d'Ivoire (4)	225	14,60 F	225
Espagne (3)	34	4,50 F	34	Danemark (3)	45	4,50 F	45
□ États-Unis (1) (sauf Alaska et Hawaii)	1	9,37 F	11	Égypte	20	19,10 F	20
				Norvège (6)	47	6,57 F	47
				□ Pays-Bas (3)	31	4,50 F	31
Finlande (6)	358	6,57 F	358	Pérou	51	21,90 F	51
■ Gabon (4)	241	14,60 F	241	Pologne	48	6,57 F	48
■ Grèce (3)	30	4,50 F	30	Portugal (5)	351	4,50 F	351
Hong Kong	852	19,10 F	852	Roumanie	40	6,57 F	40
Hongrie	36	6,57 F	36	□ Royaume-uni (3)	44	4,50 F	44
Inde	91	21,90 F	91	■ Sénégal (4)	221	14,60 F	221
■ Indonésie	62	21,90 F	62	Suède (6)	46	6,57 F	46
Irlande (3)	353	4,50 F	353	Suisse (3)	41	4,50 F	41
Islande	354	6,57 F	354	Tchécoslovaquie	42	6,57 F	42
Israël (2)	972	19,10 F	972	■ Togo (4)	228	14,60 F	228
Italie (3)	39	4,50 F	39	Tunisie (7)	216	8,27 F	216
□ Japon	81	19,10 F	81	Turquie	90	6,57 F	90
Kenya	254	21,90 F	254	URSS	7	6,57 F	71
Luxembourg (3)	352	4,50 F	352	■ Vénézuela	58	19,10 F	58
■ Madagascar (4)	261	14,60 F	261	Viet Nam (Rép. soc. du)			84
■ Maroc (7)	212	8,27 F	212	■ Yougoslavie (6)	38	6,57 F	38

■ Pays à partir desquels il est possible d'appeler la France avec une carte Télécom internationale. □ Pays à partir desquels il est possible d'appeler la France avec une carte Télécom internationale par le service France Direct.

LA BASTILLE

Construite sous Charles V, au XIVᵉ siècle, La Bastille a servi de prison pendant plusieurs siècles. La prise de La Bastille par le peuple de Paris, le 14 juillet 1789, est devenue la date symbolique de la Révolution française.
Dès 1789, la forteresse est démolie, et l'année suivante, on danse sur son emplacement.
Après la révolution de 1830, on élève sur la place la Colonne de Juillet dédiée aux Parisiens tués pendant cette période.

L'Opéra

Construit sur la place de La Bastille et inauguré pour le bicentenaire de la Révolution, il peut accueillir 2 700 personnes.

L'Opéra
de la
Bastille

LE MOBILIER URBAIN

a) Des poubelles spéciales sont prévues pour la collecte du verre et son réemploi. Chaque année, les Français jettent 5 milliards de bouteilles vides. Les bouteilles sont récupérées pour la fabrication du verre. Une partie de l'argent gagné est versée à la Ligue Française contre le Cancer.

8 000 personnes s'occupent de la propreté à Paris. Elles utilisent 1 200 engins de nettoiement.

b) Les Colonnes Morris vous donnent toutes les informations sur les spectacles.

c) Des toilettes modernes, pas très jolies, mais fonctionnelles et discrètes, sont à la disposition des habitants et des touristes.

d) Des panneaux vous indiquent la direction des monuments, des lieux publics et des principaux quartiers.

e) De plus en plus nombreux, à Paris et en province, des « situ » vous conseillent des itinéraires en bus ou en métro.

f) Des panneaux municipaux vous renseignent sur les activités du quartier ou de la ville.

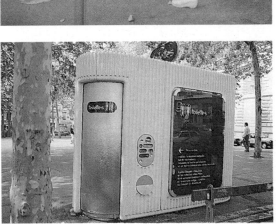

b

a

c

d

e

f

T E S T S

1 *Rappelez-vous*

Les pronoms compléments	singulier	pluriel
masculin	le	....
féminin	....	

1) Ils téléphonent

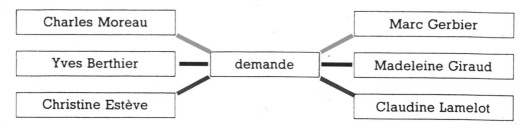

Charles Moreau		Marc Gerbier
Yves Berthier	demande	Madeleine Giraud
Christine Estève		Claudine Lamelot

Que disent-ils ?
Que dit la standardiste ?

2) Marc Gerbier revient dans 10 mn.
Madeleine Giraud revient dans 20 mn.
Claudine Lamelot revient dans 1/4 d'heure.

Que dit la standardiste ?

....

Complétez

Où est le peigne ? Je ne ..... vois pas. Je cherche les clés mais je ne ..... vois pas. Cette glace est superbe. Je ..... ai gagnée aux Puces. Le téléphone ne marche pas. Il faut ..... réparer.

2 *Écrivez les noms que vous entendez*

1. ....
2. ....
3. ....
4. ....

3 *Complétez*

Vincent part demain. Je pars avec .....
Isabelle n'est pas là. Je choisis une place pour .....
J'ai oublié mon portefeuille, tu peux payer pour .....
Tu sors ? Eh bien je sors avec .....

Jacques habite à Marseille, et toi ? .... aussi, j'habite .....
et Julien ? ...., ...
et Christophe ? ...., ...

4 Marie Berthier   : On arrive à La Baule dans combien de temps ?
Madame Berthier : Dans 1/4 d'heure.

Posez les mêmes questions sur les autres arrêts

| Numéro du train | | 6306/7 | 3762 | 3762 | 3786 | 6308/9 | 87724 | 3644 |
Notes à consulter		1	2	3	4	5	6	7
Le Croisic	D		15.01	15.01	15.21		16.10	
La Baule-Escoublac	D		15.16	15.16	15.34		16.25	
St-Nazaire	D		15.37	15.37	15.52		16.43	
Nantes	D	14.06	16.27	16.27	16.28	16.36	17.23	
Le Mans	A		17.54	17.54				18.01
Paris-Vaugirard	A		19.42					
Paris-Montparnasse	A			19.42				20.14

INVITATION

7e épisode

À L'HÔTEL CONCORDE

1 *Le chef du personnel :* Bonjour. Vous venez déjeuner demain ?

Vincent : Avec plaisir.

Le chef du personnel : J'habite à Fontenay-sous-Bois.

Françoise : D'accord. Nous venons à quelle heure ?

Le chef du personnel : À onze heures, ça va ?

Françoise : D'accord.

Vincent au chef du personnel : À demain.

à Françoise : On vient à quelle heure demain ?

Françoise : À onze heures.

CHEZ M. DUPUIS, LE CHEF DU PERSONNEL

2 *Monsieur Dupuis :* Je vous présente ma femme... Françoise.

Madame Dupuis : Bonjour Mademoiselle.

Monsieur Dupuis : Et Vincent.

Madame Dupuis : Bonjour Monsieur.

Monsieur Dupuis : Mes enfants : mon fils Serge et ma fille Annick.

Vincent et Françoise : Bonjour Serge. Bonjour Annick.

3 *Françoise :* Tenez, c'est pour vous.

Annick : Merci.

Madame Dupuis : Merci, elles sont superbes.

4 *Monsieur Dupuis :* Vous n'avez pas de cigarettes ?

DANS LA CHAMBRE D'ANNICK

5 *Annick :* Là, c'est ma chambre et là c'est la chambre de mon frère. Et voilà Cui-cui mon oiseau.

Françoise : Il est beau.

Vincent : C'est un oiseau superbe.

AU SALON

6 **Serge :** Ils sont très bons, ces chocolats.

Madame Dupuis : Vous prenez un jus de fruit ?

Vincent : Oui, merci.

Françoise : Non merci.

Serge à Françoise : Tu viens ?

Françoise : Oui.

Annick : Et toi Vincent ?

Vincent : J'arrive.

DANS LE JARDIN

7 *Françoise et les enfants jouent au ballon. Le ballon entre dans la chambre d'Annick.*

Françoise : Je vais le chercher.

DANS LA CHAMBRE D'ANNICK

8 *Françoise ouvre la cage, l'oiseau s'envole.*

AU SALON

9 *Françoise raconte tout à Vincent.*

Françoise : L'oiseau s'est envolé !

Vincent : Pas de problème : toi tu restes ici, moi je vais à Paris...

10 **Vincent à Monsieur Dupuis :** Je vais acheter des cigarettes... je reviens dans un quart d'heure.

Monsieur Dupuis : Ah merci !

ALLÔ TAXI

Vincent : Allô ! Je voudrais un taxi, rue Jules-Lepetit à Fontenay-sous-Bois.

Le chauffeur de taxi : Pour aller où ?

Vincent : Pour aller à Paris au Châtelet.

Le chauffeur de taxi : J'arrive dans 5 minutes.

Vincent : Dans 5 minutes, d'accord, merci.

QUAI DE LA MÉGISSERIE

11 *Vincent achète un oiseau et une cage.*

Vincent : Je voudrais un oiseau.

Vincent : Non, pas celui-ci. Je voudrais celui-ci.

Le vendeur : Il est très beau.

Vincent : Il vaut combien ?

Le vendeur : 150 F.

Vincent : Je voudrais aussi une petite cage.

Le vendeur : Celle-ci ?

Vincent : Non, pas celle-ci, celle-ci.

Le vendeur : Celle-ci... 60 F.

Vincent : D'accord.

Le vendeur : Ça fait 210 F.

12 ## DE RETOUR CHEZ M. DUPUIS

Vincent remet l'oiseau dans la cage.

À TABLE

13 **Monsieur Dupuis :** Il est 1 heure. Vous avez mes cigarettes ?

Vincent : Oh ! J'ai oublié.

Madame Dupuis : À table ! Vincent, Françoise... Serge, Annick, à table !

Annick : Maman, Papa, mon oiseau est bleu !

Serge : Cui-cui est bleu !

DANS LA CHAMBRE D'ANNICK

14 **Monsieur Dupuis :** Il est bleu.

Annick (montrant Cui-cui qui est sur la fenêtre) : Ce n'est pas lui Cui-cui. C'est lui !

SAVOIR DIRE

1. Nous / On

Observez

1) **Françoise à Mme Dupuis :**
   Nous venons à quelle heure ?
   Vincent à Françoise :
   On vient à quelle heure ?

2) **Les gens** achètent ⎰ les tickets de métro
   On achète ⎱ au guichet.

NOTEZ BIEN

1) nous ≃ on

2) on ≃ les gens
          les personnes

Utilisez « nous » dans les phrases suivantes

Françoise et moi, on va aux Puces.
On part à 7 heures.
Ce soir, on regarde la télévision.
On commence à travailler à dix heures.
On prend un coca et un thé.

NOTEZ BIEN

être   : nous sommes
avoir   : nous avons
aller   : nous allons
habiter   : nous habitons
regarder   : nous regardons
prendre   : nous prenons
commencer : nous commençons

Remplacez « on » par « nous » ou par « les gens »

En France, on déjeune à 12 heures ou 13 heures.
Sylvie et moi, on part à 7 heures.
Dans cette pharmacie, on travaille la nuit.
Pour téléphoner, on peut utiliser une carte.
On arrive demain à Paris.
On est françaises.

2. Ils / Elles

Observez

Reportages

Elles sont françaises.
Elles font des photos pour Elle.
Elles ont une simple R5.
Elles vont à Bangkok en voiture.
Elles racontent leurs vacances.

Ils sont français.
Ils font des photos pour Match.
Ils ont une simple R5.
Ils vont à Pékin en voiture.
Ils racontent leurs vacances.

NOTEZ BIEN

Pronoms sujets		masculin	ils	sont
	pluriel			ont
		féminin	elles	vont
				font
				travaillent
				racontent

Remplacez « ils » ou « elles » par un des mots proposés

Elles }
Ils } sont superbes !

Exemple : Ces roses sont superbes !
....
....
....
....

Ils sont délicieux
....
....
....

De quoi parlent-ils ?

Elles sont dans mon sac.
Elles sont en soie.
Ils sont en coton.

Elles sont grillées.
Ils sont français.
Elles sont réservées.

3. ma, mon, mes

Observez

Je vous présente mes enfants :
mon fils Serge.
ma fille Julie.

NOTEZ BIEN

Les possessifs 1re personne	singulier	pluriel
		mes
	mon	
masculin	ma	
féminin		

Dites ce que vous pouvez perdre ou oublier

— dans un taxi
— au café
— dans une cabine téléphonique
— au guichet de la gare
— à l'hôtel

— Zut ! J'ai oublié ..... au .....
— Zut ! J'ai perdu ..... dans .....

SAVOIR DIRE

4. Celui-ci / celle-ci

Observez

— Je cherche un oiseau.
— Vous prenez **celui-ci** ?
— Non, **celui-ci**.
— Je voudrais une cage.
— **Celle-ci** ?
— Oui, **celle-ci**.

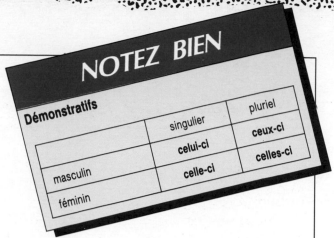

NOTEZ BIEN

Démonstratifs	singulier	pluriel
		ceux-ci
	celui-ci	
masculin	celle-ci	celles-ci
féminin		

On vous propose les objets suivants.

Vous acceptez : Oui, ...
Vous refusez : Non, pas...

fleurs, bonbons, photos, carte postale, cravate, timbre français.

5. La famille

Louis et Françoise Mercier sont les grands-parents de Thomas.
François est le père de Thomas.   Céline est la sœur de Thomas.
Josiane Lepoint est la mère de
Thomas.   Julien est le frère de Thomas.
Sylvie est la tante de Thomas.   Jean-Marie est le cousin de Thomas.
Gérard est l'oncle de Thomas.   Danièle est la cousine de Thomas.

Complétez

Sylvie est .... de François.   Gérard est .... de Robert.
Monique est .... de Julien.   Jean-Marie est...................... de Céline.

Remplacez l'expression entre parenthèses par le mot juste

— Je vous présente
  (le frère de ma mère)   Je vous présente **mon** oncle.
  (la sœur de mon père)   ....
  (les parents de ma mère)   ....
  (la fille de ma tante)   ....
  (la fille de mes parents)   ....

Présentez votre famille

VOUS DÉJEUNEZ AVEC NOUS ?

Que peut-on apporter quand on va déjeuner ou dîner chez quelqu'un ?
— Si vous connaissez bien les gens chez qui vous allez, vous pouvez apporter un dessert ou une bouteille de vin.

— Si vous les connaissez moins bien, offrez des chocolats ou des fleurs mais attention pas un nombre pair !

— Vous pouvez aussi faire envoyer des fleurs le lendemain.

Entraînez-vous

Isabelle va chez les parents de Jean. Qu'est-ce qu'elle peut apporter ?

CARTES D'INVITATION

Qui invite ?
À quelle heure ?

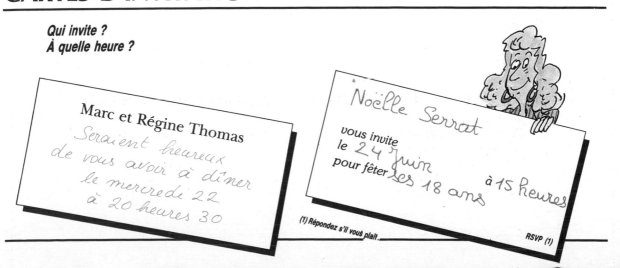

Marc et Régine Thomas
Seraient heureux
de vous avoir à dîner
le mercredi 22
à 20 heures 30

Noëlle Serrat
vous invite
le 24 juin   à 15 heures
pour fêter ses 18 ans

(1) Répondez s'il vous plaît.   RSVP (1)

OÙ HABITEZ-VOUS ?

Il y a en France 12 millions de maisons individuelles.
- 54 % des Français habitent une maison (30 % en 1970),
- 46 % habitent en appartement,
- 12,7 millions habitent en H.L.M. (Habitations à Loyer Modéré).

Dans les années 60, les banlieues des grandes villes se sont beaucoup développées, et les pavillons de banlieue se sont multipliés.
La moitié des Français (51 % exactement) sont propriétaires de leur logement.

INSEE.

Charles-Edouard Jeanneret dit LE CORBUSIER
(1887-1965).
architecte, urbaniste, peintre et théoricien français d'origine suisse.
Il s'est imposé comme un des maîtres de l'architecture moderne.

La villa La Roche, construite pour un banquier, a contribué à faire connaître Le Corbusier et ses innovations architecturales : volumes fonctionnels, pièces de séjour à l'étage, fenêtres en bande...

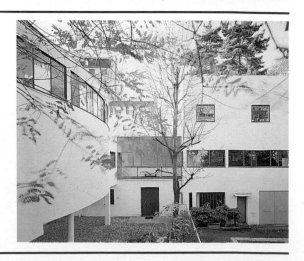

LES ANIMAUX FAMILIERS

Quai de la Mégisserie, on peut acheter des fleurs et toutes sortes d'animaux : chiens, chats, poissons rouges, oiseaux, cochons d'inde... et serpents !

Il existe environ 30 millions d'animaux familiers en France, dont 9 millions de chiens. Plus d'une famille sur deux possède un animal domestique ! On dépense chaque année 30 millions de francs pour eux, dont 25 millions pour la nourriture.

Mais au moment des vacances, plusieurs milliers d'animaux sont abandonnés par leurs propriétaires. De nombreuses organisations ont été créées pour les protéger. La plus connue, la S.P.A. (Société Protectrice des Animaux) existe depuis 1845.

Brigitte Bardot, célèbre actrice française, se bat depuis plusieurs années pour la protection des animaux.

Brigitte Bardot

TESTS

1 *Rappelez-vous*

Possessifs 1ʳᵉ personne	singulier	pluriel
masculin	mon	....
féminin	....	

Complétez

Catastrophes ! J'ai perdu .... portefeuille.
.... clés.
.... carnet d'adresses.
.... stylo.
.... carte d'identité.
.... peigne.

Rémy présente sa famille

2 *Rappelez-vous*

Pronoms personnels 3ᵉ personne

	singulier	pluriel
masculin	il	....
féminin	....	....

Remplacez le mot souligné par un pronom :

<u>Ces ampoules</u> sont grillées. <u>Ces places</u> sont réservées. A 10 heures du soir, <u>les magasins</u> sont fermés. <u>Isabelle et Catherine</u> ne sont pas prêtes.

3 *Rappelez-vous*

Les démonstratifs	singulier	pluriel
masculin	ce, ...	....
féminin	....	....

Pronoms démonstratifs	singulier	pluriel
masculin	....	....
féminin	....	....

Complétez

Choisissez	une carte postale	Je prends cette carte postale	Je prends celle-ci
	un portefeuille	....	....
	un journal	....	....
	une chambre	....	....
	une place	....	....
	des fleurs	....	....
	des chocolats	....	....

4 *Nous / On*
Remplacez « on » par « nous » :

Le mercredi, Julien et moi, on prend le RER ; Le mercredi, nous ....
On va quai de la Mégisserie ; ....
On regarde les animaux ; ....
On a un oiseau, un canari ; ....
On choisit des graines pour lui ; ....
Après, on prend un chocolat avec maman ; ....
Et puis, on rentre à la maison. ....

À L'HÔTEL CONCORDE

1 *Vincent :* On cherche un stagiaire pour accompagner Brigitte Bonneuve dans Paris.

Françoise : Oh ! J'aime bien Brigitte Bonneuve...

2 *Le réceptionniste à Vincent :* Vous travaillez à l'hôtel depuis combien de temps ?

Vincent : Depuis quinze jours.

Le réceptionniste : Vous convenez très bien pour ce travail.

3 DANS LES MAGASINS

Vendeuse : Bonjour Madame.

Brigitte Bonneuve : Bonjour.

Vendeuse : Que désirez-vous ?

Brigitte Bonneuve : Je voudrais des parfums et du maquillage.
...

4 *Brigitte Bonneuve :* Je veux voir cette valise. Elle est très belle.
Elle vaut combien ?

Vendeuse : 8 000 francs.

Brigitte Bonneuve : Elle est très belle. Et celle-là ?

Vendeuse : 7 000 francs.

Vincent (intérieurement) : 7 000 francs, une valise ! C'est cher.

Brigitte Bonneuve : Elle est très belle aussi. Et ce sac ?

Vendeuse : 3 000 francs.

Vincent (intérieurement) : 3 000 francs, c'est cher.

Brigitte Bonneuve : Il est très beau.

5 *Vincent à un client :* Vous pouvez ouvrir la porte ?

6 *Vincent téléphone à l'hôtel Concorde.*

Vincent : Bonjour Monsieur le Directeur. Je fais les courses depuis quatre heures.

Oui, tout va très bien... Nous avons fait tous les magasins.
Vous pouvez appeler Françoise ?...
Françoise tu peux venir ? Il y a beaucoup de paquets. Nous sommes chez Chanel. Tu arrives dans 20 minutes ? Très bien, merci. Je suis fatigué.

Françoise arrive.

7 **Brigitte Bonneuve à Vincent :** Je suis fatiguée... Vous pouvez porter les paquets à l'hôtel ?

à Françoise : Allez mademoiselle, je vous invite à prendre le thé.

DANS UN SALON DE THÉ

8 **Françoise :** Je vous sers ?

Brigitte Bonneuve : Oui, du thé mais pas de lait, et pas de sucre.

Françoise : Moi, je prends du thé, du sucre et une tarte avec de la crème.

Brigitte Bonneuve : Vous êtes gourmande ?

Françoise : Très gourmande. Encore du thé ?

Brigitte Bonneuve : Avec plaisir.

Françoise : Vous prenez du lait ?

Brigitte Bonneuve : Non merci, pas de lait.

À L'HÔTEL CONCORDE

9 **Brigitte Bonneuve :** Ah Vincent ! Vous pouvez monter les paquets dans ma chambre ?

Vincent : Oui Madame, tout de suite.

DANS LA CHAMBRE DE BRIGITTE BONNEUVE

10 **Brigitte Bonneuve :** Qui est-ce ?

Françoise : C'est Vincent.

Brigitte Bonneuve : Entrez Vincent...

11 *Brigitte Bonneuve à Vincent :*
Posez ça sur le lit.

Brigitte Bonneuve à Françoise : Vous pouvez
partir si vous voulez.

Françoise : Au revoir, merci pour tout.

Brigitte Bonneuve : Ça m'a fait plaisir.
Vous n'êtes pas trop fatigué Vincent ?

Vincent : Non, non ça va...

Brigitte Bonneuve : Vous avez passé une bonne
journée ?

Vincent : Oui, oui...

12 *Brigitte Bonneuve :* Vous voulez bien me servir
un jus de fruit ?

Vincent : Tout de suite Madame.

Brigitte Bonneuve : Si vous avez soif,
servez-vous.

Vincent : Oui merci, je vais prendre un verre
d'eau.

Brigitte Bonneuve : Finissez de ranger mes
paquets... Non, celui-ci, posez-le sur le fauteuil.
... et celui-là sur la table... Et passez-moi
celui-ci... merci.

13 *Brigitte Bonneuve :* Vous pouvez disposer.

Vincent : Au revoir Madame...

Brigitte Bonneuve : Au revoir Vincent... Dites à
Françoise de venir me voir.

Vincent : À votre service... Madame.

DANS LE HALL DE L'HÔTEL

14 *Vincent :* Hein !

Françoise : Brigitte Bonneuve est formidable. Je
vais assister au gala et ensuite nous allons dîner
ensemble.

1. Du, de la... / Pas de...

■ *Observez*

a) — Vous aimez le lait ?
— Oui, beaucoup.

b) — Qu'est-ce que vous prenez ?
— **Du** thé, s'il vous plaît.

c) — Vous prenez de la crème ?
— Oui, je prends **de la** crème, merci.
— Non, merci, pas **de** crème.

■ *Notez bien*

J'aime	**le** thé	Je prends	**du** thé	Je ne prends	**pas de** thé
	le sucre		**du** sucre		**de** sucre
	le lait		**du** lait		**de** lait
	la crème		**de la** crème		**de** crème

■ *Répondez par « oui » ou par « non » aux questions suivantes*

Vous prenez **du** coca ?
du jus d'orange ?
de l'eau ?
de la bière ?
du café ?

— Oui, je prends ....
— Non, je ne prends pas ....

■ *Observez*

Le petit déjeuner en France

En France, pour le petit déjeuner, on boit du thé ou du café avec du lait et du sucre, ou du chocolat. On mange du pain, des croissants, des biscottes avec du beurre et de la confiture.

■ *Et vous, qu'est-ce que vous prenez au petit déjeuner ?*

■ *Complétez avec les noms d'aliments que vous connaissez*

— Je voudrais du .... s'il vous plaît.
....
....
....

— Je voudrais de la .... s'il vous plaît.
....
....
....

2. Demander un service

■ Observez

Françoise : Tu peux fermer la
fenêtre, s'il te plaît ?
Vincent : Bien sûr.
Françoise : Merci.
Vincent : De rien.

Dans un café :
Le client : Vous pouvez fermer la
porte, s'il vous plaît ?
Le garçon : Bien sûr, monsieur.
Le client : Je vous remercie.
le garçon : Je vous en prie.

■ Apprenez

Pouvoir

je peux
tu peux
il/elle/on peut
nous pouvons
vous pouvez
ils/elles peuvent

Attention :
Le verbe « pouvoir » sert aussi
— à demander la permission ⟶ Je peux sortir ?
— à exprimer une possibilité ⟶ L'hôtelier peut refuser de vous
recevoir.

■ *Quels services peuvent-ils demander ?*

— François à Vincent
— Un patron à sa secrétaire
— Un client au réceptionniste de l'hôtel
— Un client à la femme de chambre

appeler un taxi — acheter un carnet
de tickets de métro — réserver une
table — changer une ampoule —
remplir le réfrigérateur — apporter
un oreiller.

■ *Que disent-ils ?*

— Vous ... ?

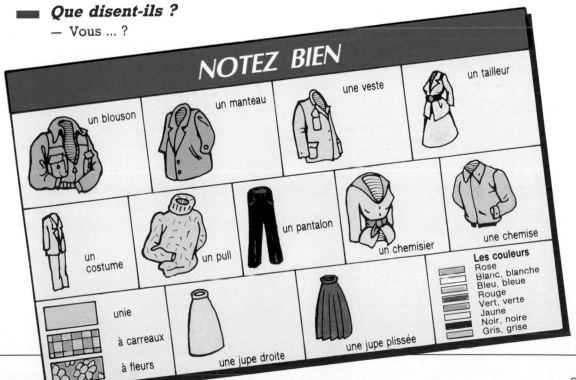

NOTEZ BIEN

un blouson — un manteau — une veste — un tailleur

un costume — un pull — un pantalon — un chemisier — une chemise

unie — à carreaux — à fleurs — une jupe droite — une jupe plissée

Les couleurs
Rose
Blanc, blanche
Bleu, bleue
Rouge
Vert, verte
Jaune
Noir, noire
Gris, grise

■ *Décrivez les personnes suivantes*

■ *Observez le dialogue suivant*

la cliente	: Bonjour madame.		**La vendeuse**	: Il vous va très bien.
La vendeuse	: Bonjour madame, vous désirez ?		**La cliente**	: Oui, il me plaît beaucoup. Il fait quel prix ?
La cliente	: Je voudrais un chemisier rouge.		**La vendeuse**	: 140 F.
La vendeuse	: Vous faites quelle taille ?		**La cliente**	: Bon, et bien je le prends.
La cliente	: Du 38 ou du 40, ça dépend.			
La vendeuse	: J'ai celui-ci en 38.			
La cliente	: Il est en coton ?			
La vendeuse	: Oui, 100 % coton.			
La cliente	: Je peux l'essayer ?			
La vendeuse	: Je vous en prie. La cabine est là-bas.			

...

■ *Imaginez un dialogue entre le vendeur (ou la vendeuse) et le client (ou la cliente) à partir des étiquettes suivantes*

Modèle : chemisier Taille : 42 Coloris : rouge Composition : 100 % soie Prix : 245 F ●	Modèle : veste homme Taille : 42 Coloris : gris Composition : 100 % laine Prix : 430 F ●	Modèle : jupe Taille : 40 Coloris : vert Composition : 100 % coton Prix : 327 F ●

4. Verbes

■ *Apprenez*

Servir

je sers
tu sers
il/elle/on sert
nous servons
vous servez
ils/elles servent

Plaire

ce modèle me plaît
ces modèles me plaisent

SOLDES

Il n'y a que quelques Françaises privilégiées qui portent des vêtements haute couture. La plupart des Françaises cherchent des solutions plus économiques pour s'habiller : prêt à porter, catalogues de ventes par correspondance ou soldes.

Il existe des magasins de soldes permanents, qui vous proposent parfois des modèles de grands couturiers à des prix réduits, comme Le Mouton à Cinq Pattes, rue St-Placide...

Et deux fois dans l'année, en janvier et à la fin du printemps : c'est la période des soldes. Les magasins vendent leurs articles avec des réductions de 20 %, 30 % ou même 50 %. Mais attention ! Il faut être sûr que le vêtement acheté est vraiment utile, qu'il ne comporte pas de défaut important... et que c'est votre taille !

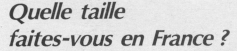

Quelle taille faites-vous en France ?

HOMMES : CHEMISES

FRANCE	37-38	39-40	41-42	43
G.B.	14 1/2-15	15 1/2-16	16 1/2	17
U.S.A.	14 1/2-15	15 1/2-16	16 1/2	17
JAPON	S	M	L	XL

HOMMES : PULLS

	HOMME = 2	DEMI PAT. = 3	PATRON = 4	GRAND PAT. = 5	EXTRA GD PAT. = 6
FRANCE					
G.B.	S	M	L	XL	XXL
U.S.A.	S	M	L	XL	XXL
JAPON	S	M	L	XL	XXL

HOMMES : COSTUMES

FRANCE	42	44	46	48	50	52	54
G.B.	32	34	36	38	40	42	44
U.S.A.	32	34	36	38	40	42	44
JAPON	S	M	L	XL	—	—	—

HOMMES : CHAUSSURES

FRANCE	39	40	41	42	43	44
G.B.	6	7	7 1/2	8	9	10
U.S.A.	6 1/2	7	7 1/2	8	9	10
JAPON	25	25 1/2	26	26 1/2	27	28

FEMMES : ROBES, TAILLEURS, MANTEAUX

FRANCE	38	40	42	44	46	48
G.B.	10	12	14	16	18	20
U.S.A.	10	12	14	16	18	20
JAPON	9	9	11	13	15	—

FEMMES : PULLS, CHEMISIERS

FRANCE	38	40	42	44	46	48
G.B.	10	12	14	16	18	20
U.S.A.	10	12	14	16	18	20
JAPON	9	9	11	13	15	—

FEMMES : CHAUSSURES

FRANCE	36	37	38	39	40	41
G.B.	3	4	5	6	7	8
U.S.A.	5	6	7	8	9	10
JAPON	22	23	24	25	25 1/2	26

MODE ET HAUTE COUTURE

Saint-Laurent, Givenchy, Scherrer, Nina Ricci, Lanvin, Ungaro sont toujours présents dans les collections du prêt-à-porter de luxe.

Mais sur la scène de la haute couture, d'autres stylistes concurrencent aujourd'hui les classiques :
— stylistes japonais comme Jamamoto, Issy Miyaka. Le plus connu : Kenzo, travaille à Paris, place des Victoires, depuis 20 ans.

— Stylistes fantaisistes ou extravagants comme Jean-Paul Gaultier, Thierry Mugler, Claude Montana, Anne-Marie Beretta, Lacroix, Azzadine Alaïa qui habille de nombreuses actrices dont Isabelle Adjani.

Veste longue, jupe droite, qui descend jusqu'au mollet, pour Anne-Marie Beretta.

Épaules larges, veste cintrée et jupe droite pour un tailleur très classique d'Yves Saint-Laurent.

Petite veste courte, deux jupes superposées : l'une au-dessus du genou, l'autre longue, avec des volants pour Christian Lacroix.

Dessin Paul Isola /Marie France modèle du couturier Christian Lacroix

PARFUM
N°5
CHANEL
PARIS

Entraînez-vous

Choisissez un modèle pour une femme :
— de 25 ans
— de 40 ans

TESTS

1 Rappelez-vous

Articles partitifs

masculin	féminin
du	....

Complétez

Vous prenez .... lait ?
.... coca ?
.... crème ?
.... café ?
.... eau ?
.... bière ?
.... jus d'orange ?
.... thé ?

Non merci, je n'aime pas ....
Non merci, je ne prends pas ....

2 Complétez avec le verbe « pouvoir »

1) Je .... commencer ?
2) Vous .... appeler un taxi ?
3) Ils ne .... pas sortir.
4) Nous .... vous donner une chambre.
5) L'avion ne .... pas partir.
6) Vous .... rappeler plus tard ?
7) Je .... essayer cette robe ?
8) Vous .... épeler votre nom ?

Le verbe « pouvoir » est utilisé pour   dans les phrases :

— demander la permission

....

— demander un service

....

— exprimer quelque chose qui est possible

....

— exprimer quelque chose qui est impossible

....

3 Remettez le dialogue dans l'ordre

— Bien sûr, madame. Vous faites quelle taille ?
— J'aime bien celui-ci. Vous l'avez en rouge ?
— Bien sûr, madame. La cabine est ici.
— Je peux essayer le rouge ?
— Vous pouvez me montrer des pulls ?
— En 38, vous avez celui-ci ou celui-ci.
— Oui, nous l'avons en rouge et en noir.
— 38.

4 *Qu'est-ce qu'elle a essayé ?*

5 *Qui est Christine ?*

Jean ?
François ?
Fabienne ?

101

DÉJEUNER CHEZ LENÔTRE

9ᵉ épisode

À L'HÔTEL CONCORDE

1 *Françoise :* Mon premier salaire...

Vincent : Mon premier salaire, je t'invite à déjeuner aujourd'hui.

Françoise : Ah tu m'invites, d'accord.

2 *Vincent :* Choisis...

Françoise : Je ne sais pas.

Vincent : Choisis...

Françoise : C'est difficile, il y a beaucoup de restaurants.

Vincent : L'Élysées Lenôtre. Je réserve une table. 42.65.85.10.

3
4 *Vincent :* Allô, Élysées Lenôtre, je voudrais réserver une table pour déjeuner à 13 h pour deux personnes... Monsieur Dubois, Vincent Dubois... Merci. À tout à l'heure.

CHEZ LENÔTRE

5 *Vincent :* J'ai réservé au nom de Dubois, Vincent Dubois, deux couverts.

Le maître d'hôtel : La table de Monsieur Dubois.

Le garçon : C'est une très bonne table, près des fenêtres avec vue sur le jardin.

6 *Françoise et Vincent lisent la carte. Il n'y a pas de prix sur la carte de Françoise...*

7 *Le maître d'hôtel :* Vous prenez un apéritif ?

Françoise : Euh !

Vincent : Non, non, merci.

Le maître d'hôtel : Qu'est-ce qui vous ferait plaisir ?

Françoise : Je ne sais pas. Qu'est-ce que vous me conseillez ?

Le maître d'hôtel : Je vous conseille du foie gras ou du caviar, pour commencer.

Françoise : Très bien, alors pour commencer du foie gras. Et ensuite ?

Le maître d'hôtel : Et ensuite, je vous conseille le homard rôti ou le canard au sang.

Françoise : Alors, un homard.

Le maître d'hôtel : Et pour Monsieur.

Vincent : Je n'ai pas très faim... Vous auriez un potage de légumes ?

Le maître d'hôtel : Si Monsieur désire... Je vais demander au chef.

Vincent : Merci je n'ai pas très faim.

Le maître d'hôtel : Je vais appeler le sommelier pour les vins.

8 *Françoise :* Qu'est-ce qu'il y a ?

Vincent : Tu as vu les prix ?

Françoise : Non, ils ne sont pas sur ma carte.
Oh là là...

A LA FIN DU DÎNER

9 *Vincent au garçon :* L'addition s'il vous plaît.
Je n'ai pas assez d'argent. Ouf, ça va tout juste.

Françoise : Et le pourboire ?

Vincent : Oh le pourboire !
J'ai une idée.

10 *Vincent :* Allô le Concorde-Lafayette ! Je voudrais
parler à Pierre...
... Allô Pierre, c'est Vincent : je suis à L'Élysées
Lenôtre. Je n'ai pas assez d'argent, tu peux me
prêter 100 francs ?

Pierre : Tout de suite ?

Vincent : Oui, tout de suite.

Pierre : J'arrive.

Vincent : Tu es formidable, à tout de suite.

11 *Le garçon arrive avec une enveloppe. C'est l'argent de
Pierre !*

DEVANT UN BISTROT

12 *Françoise :* Tu as faim ?

Vincent : Oui, un peu, et toi ?

Françoise : Moi, ça va.
La prochaine fois, je t'invite..., mais je t'invite ici.

1. Choisir un repas
■ Observez

Comme entrée ou pour commencer

DES CRUDITÉS

- des tomates
- des concombres en salade
- des haricots verts

DE LA CHARCUTERIE

- du saucisson
- du pâté de campagne
- du jambon

Comme plat principal

DE LA VIANDE

- du veau (escalope, rôti)
- du bœuf (rôti, bifteck, tournedos, entrecôte)

- du porc (rôti, côte)
- de l'agneau (gigot, côte)

DE LA VOLAILLE

- du canard
- du poulet
- de la pintade

DU POISSON

DES ŒUFS

AVEC DES LÉGUMES

- des pommes de terre (frites, de la purée, à l'anglaise)
- des haricots verts
- de la salade

DES PÂTES

DU RIZ

Et ensuite

- **UN DESSERT**

  (des glaces, des fruits frais : pomme, poire, banane, fraises...)
- un gâteau au chocolat, une tarte aux pommes

- **DU FROMAGE**

  (du camembert, du chèvre...)

■ **Commandez**

Je voudrais .... s'il vous plaît.

■ **Faites votre menu**

— Vous dînez au menu ou à la carte ?
— Au menu.
— Qu'est-ce que vous prenez comme entrée ?
— Des tomates, s'il vous plaît.
— Et ensuite ?
— ....
— Et comme dessert ?
— ....

2. Reconnaissez un plat

■ **Observez**

— Qu'est-ce que vous me conseillez ?
— Le veau Orloff.
— Qu'est-ce que c'est le veau Orloff ?
— C'est du veau avec des champignons et de la crème.

■ **Posez la même question sur les plats suivants**

— **le Châteaubriand pommes dauphine**
(bœuf, pommes de terre)

— **la Julienne de légumes**
(carottes, petits pois, pommes de terre)

— **les Paupiettes de veau**
(escalope de veau, jambon)

— **la Charlotte aux pommes**
(des biscuits, crème, pommes)

3. Réserver une table

■ *Observez*

— Allô le Fouquets ?
— Oui monsieur.
— Bonjour monsieur. Je voudrais réserver une table pour ce soir.
— À quelle heure ?
— Vingt heures.
— Pour combien de personnes ?
— Pour deux personnes.
— Deux personnes, ce soir vingt heures. C'est possible. C'est à quel nom ?
— Monsieur Cherrier.

NB : Deux personnes, on dit aussi deux couverts.

■ *Imaginez la conversation du maître d'hôtel et des clients quand ils réservent leur table*

Cahier de réservation
du 24 septembre
« **GRAND HÔTEL** »

19h30 3 pers Monnier
20h15 6 pers Prigent
21h30 4 pers Berchaud

4. Qu'est-ce qui vous manque ?

■ *Observez*

Sur une table, il faut :

une assiette	un verre	une cuillère	une fourchette
une petite cuillère	du pain	une carafe d'eau	un couteau
du sel et du poivre	de l'huile	du vinaigre	une serviette

■ *Il vous manque quelque chose ? Appelez le garçon !*

— Je voudrais un ....
           une ....

— Je n'ai pas de ....

— Vous pouvez me donner un ...... ?
           de l' .. ?

— Vous pouvez m'apporter du ...... ?

DANS UN RESTAURANT

Vous pouvez déjeuner ou dîner, même si vous êtes seul, mais vous devez accepter la table qu'on vous propose.

Vous pouvez aussi demander une carafe d'eau. Vous n'êtes pas obligé de commander du vin ou de l'eau minérale. Le pain et l'eau sont gratuits.

Le pourboire n'est pas obligatoire, le service étant compris dans l'addition. Mais en France, on a l'habitude de laisser la petite monnaie (ou plus si on est généreux !) sur la table.

De la même manière, on donne un pourboire aux chauffeurs de taxi (à peu près 10 % du prix du taxi), aux livreurs et aux déménageurs.
Dans les cinémas et les théâtres, on peut donner un pourboire aux ouvreuses. Mais attention, dans les théâtres nationaux, le pourboire est interdit.
Enfin, si un pompiste lave votre pare-brise dans une station service, vous lui laissez également un pourboire.

Et chez vous ?

DU GRAND RESTAURANT AU PETIT BISTROT, VOUS AVEZ LE CHOIX

Lasserre :
Décor des années cinquante, service très solennel, carte des vins somptueuse, Lasserre est un des plus grands restaurants parisiens...

La Tour d'Argent :
Existe depuis 1582. C'est dans cette auberge, fréquentée par Henri IV, qu'est né l'usage de la fourchette en France. Au Grand Siècle, la cour vient dîner à la Tour d'Argent. Pendant la Régence, Philippe d'Orléans y organise des soupers. Sous le Second Empire, princes, ducs et comtes y emmènent leurs amis. La tradition du « canard au sang » est née sous la Troisième République juste avant l'arrivée d'André Terrail, grand-père de Claude Terrail.

Le Restaurant des Beaux-Arts :
Un petit bistrot sympathique rue Bonaparte, en face des Beaux-Arts. La cuisine se fait presque devant le client, les tables sont encore recouvertes des traditionnelles nappes à carreaux... Et le menu est à la portée de toutes les bourses : 45 F, service compris ! Le pot-au-feu, le bœuf bourguignon, et le filet de bœuf pommes dauphine y sont délicieux.

Et, si vous hésitez, plusieurs guides peuvent vous aider à choisir « votre » restaurant :

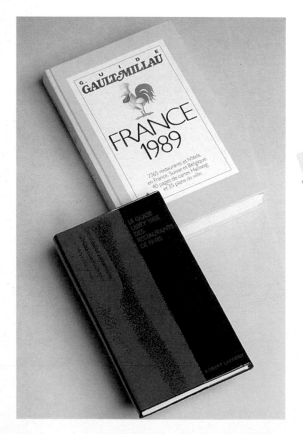

Entraînez-vous

Les menus des grands restaurants sont toujours très sophistiqués !
Essayez de retrouver dans quels plats il y a :
— du veau
— du bœuf
— des volailles (canard, poule, poulet)
— du chocolat.

Restaurant LA MARLOTTE

Lentilles à l'échalote — 25.00
Saucisson du Rouergue — 21.00
Terrine de Lapin — 28.00
Gâteau de Bette — 22.00
Foie gras de Canard — 68.00
Œufs aux Champignons — 26.00

Bar au Basilic — 72.00
Canard au vin Rouge — 59.00
(pour 2) 140.00
Carré d'Agneau Rôti — 45.00
Boudin noir aux pommes — 62.00
Volaille fricassée au Thym — 62.00
Pot au feu de la maison

Crottin de Chavignol chaude — 25.00

Tarte aux pommes, chaude — 26.00
Œufs à la neige — 26.00
Mousse au chocolat noir — 35.00
Crème renversée au caramel — 25.00
Gâteau aux poires à la crème — 23.00

Vins
Saint Nicolas de Bourgueil 1983
Cahors 1982
Château Gazin (Pomerol) 1982
Château La Fleur (Ht Médoc 1982

MENU – MEMENTO
pour le bon usage de la Tour d'Argent

Melon glacé
Saumon fumé
Caviar   Blinis
Cocktail de langouste
Serge Burcklé
Belons
Pamplemousse
mis en glace

POTAGES

Consommé Isabelle
Consommé Fabiola
Consommé Julienne
Potage Tour d'Argent
Potage Claudius Burdel
Potage glacé à l'indienne
Bisque d'écrevisses
Grand Seize

ŒUFS

Œufs Murray
Œufs en meurette
Œufs La Rochejacquelein
Œufs en brouillade aux truffes
Œufs en cocotte Chanoinesse
Omelette à votre plaisir
Œufs Tom Curtiss

POISSONS

Sole Mingori
Filets de sole Gloria
Filets de sole Cardinal
Filets de sole Concorde
Sole en Belle Meunière
Cari de sole à l'Indienne
Filets de sole grillés Frédéric
Coquille de Lauzun   Barbue Botticelli
Homard Lagardère   Barbue de Citeaux
Tournedos de saumon Vlasto
Croustade de barbue Lagrené
Langouste à la Mahonnaise
Goujonnettes de Mostelle
Quenelles André Terrail
Barbue Daniel Saint
Langouste Cora Pearl
Turbot Duc d'Orléans

111

TESTS

1 Complétez

Je voudrais .... salade   .... l'huile
.... crème   .... sel
.... veau   .... poivre
.... jambon   .... vinaigre
.... saucisson   .... pâté
.... riz

Qu'est-ce qu'il y a dans ces plats et dans cette sauce ?

la salade russe

Il y a ....

la raclette

Il y a ....

la sauce béchamel

Il y a ....

le soufflé au fromage

Il y a ....

2 Complétez en indiquant le nombre de personnes et l'heure de la réservation

	nombre de personnes	heure
1er client	....	....
2e client	....	....
3e client	....	....

112

3 Régimes
Complétez en indiquant le nom des aliments

Est-ce que je peux manger .... ?

....

....

....

....

....

Est-ce que je peux manger .... ?

....

....

....

....

....

Oui, vous pouvez.

Non, vous ne pouvez pas.
Oui, mais en petite quantité.

4 Qu'est-ce qu'ils demandent ?

1er client							
2e client							
3e client							
4e client							

RENDEZ-VOUS

10ᵉ épisode

DANS LE VESTIAIRE DE L'HÔTEL CONCORDE

1   **Un stagiaire :** Donne-moi une toque plus grande.

Françoise : Et moi une toque plus petite. On est prêts ? Allons-y.

DANS LES CUISINES DE L'HÔTEL CONCORDE

2   **Le chef :** Tout le monde en place pour le stage cuisine. Est-ce que vous êtes prêts ?

Tous : Oui Monsieur.

Le chef : Donnez-moi une casserole.
... Non une casserole plus petite...
Non une casserole plus grande.

3
4   **Le chef :** Vous prenez une casserole comme celle-ci, pas plus grande, pas plus petite. Vous mettez les légumes, un peu de sel, un peu de poivre, un peu d'huile d'olive et vous faites cuire doucement. On prépare aussi la farine, du thym, du laurier, un verre de vin blanc. Donnez-moi un verre. Non, un verre plus grand.
Est-ce que les légumes sont assez cuits ?

Un élève : Oui Monsieur.

5   **Le chef :** On verse dans une casserole, on mélange, on met la casserole sur le feu.
On coupe la viande.

115

À LA SORTIE DU COURS

6 *Vincent :* Formidable ! On dîne chez mes parents ce soir. Je prépare le même plat pour eux.

Françoise : Tu sais le préparer ?

Vincent : Oui, c'est facile.

CHEZ LES PARENTS DE VINCENT

7
8 *Vincent :* Donne-moi une casserole : celle-ci est assez grande.
Un peu de sel, un peu de poivre.

Françoise : Tu as mis trop de sel et trop de poivre...

Vincent : Non, ça va. Un peu d'huile.

Françoise : Il y a assez d'huile.

Vincent : Non, il n'y a pas assez d'huile.

Françoise : Il y a trop d'huile.

Vincent : On prépare aussi la farine, le thym et le laurier. Un verre de vin blanc. Non, un verre plus grand. On mélange.

Vincent : Et on met sur le feu... On prend le plat de viande...

9 *Le plat tombe et se casse...*

Vincent : Vite, vite, il faut trouver une solution. Ce n'est pas drôle.

Françoise : J'ai peut-être une idée.

Françoise téléphone à un ami traiteur

10 *Françoise :* Allô ! Je voudrais parler à Monsieur Georges... Françoise Charrier.

116

Monsieur Georges : Allô Françoise ? Bonjour, comment vas-tu ?

Françoise : J'ai un problème, on a préparé un dîner... Tout est raté.

Monsieur Georges : Ne t'inquiète pas, je vais arranger ça tout de suite.

Les parents arrivent

11 **Vincent :** Voilà mes parents !

Les parents : C'est nous !

La mère : Bonjour.

Le père : Bonjour.

Vincent : Je vous présente Mademoiselle Charrier. Papa, maman.

Le père : Ravi, bonjour Mademoiselle.

Françoise : Bonjour Monsieur.

La mère : Bonjour Mademoiselle.

Françoise : Bonjour Madame.

Vincent : Asseyez-vous, c'est prêt dans 10 minutes.

Le traiteur arrive

12 **Vincent :** Mettez ça là, merci.

Françoise : Superbe !

Vincent : Formidable !

13 **Les parents :** Oh !...

Le père : Et vous avez fait tout ça ?

La mère : Vous êtes formidables !

Françoise : Non, c'est Vincent. Moi, je l'ai aidé.

SAVOIR DIRE

1. Plus... Moins...

▬ *Observez*

— Donne-moi une casserole **plus** grande (**que** celle-ci).
— Il faut travailler **plus** (**que** moi).
— Vous n'auriez pas un foulard **moins** cher (**que** celui-ci) ?
— Il faut mettre **plus d'**huile !
   plus de lait !
— Il faut mettre **moins de** sel !
— Vous pouvez rappeler **plus** tard ?
— Vous pouvez parler **moins** vite ?

▬ *Remplacez le mot souligné par les mots proposés*

Dans la cuisine
— Donnez-moi <u>une casserole</u>   (assiette, verre, couteau, glace)
plus grande.

Dans un magasin
— Vous n'avez pas <u>un livre</u>   (cravate, foulard, disque, parfum,
moins cher ?   chocolats)

▬ *Transformez*

Il faut mettre	plus de sel	Il faut ajouter	sel.
	plus de poivre	....	poivre.
	plus de sucre	....	sucre.
	plus d'huile	....	huile.
	plus de lait	....	lait.
	plus de crème	....	crème.

▬ *Remplacez*

Chez le médecin
— Vous mangez <u>du pain</u> ?   (pommes de terre, gâteaux,
— Oui.   bonbons, chocolats)
— Pour maigrir, il faut manger
moins de pain !

2. Trop... Assez...

Observez

C'est **trop** salé !
C'est **trop** poivré !
C'est **trop** sucré !
C'est **trop** gras !

Ce n'est pas **assez** salé !
Ce n'est pas **assez** poivré !
Ce n'est pas **assez** sucré !
Ce n'est pas **assez** gras !

Vous arrivez **trop** tard !
Vous ne parlez pas **assez** vite !

Il y a **trop de** sel !
Il y a **trop de** poivre !
Il y a **trop de** sucre !
Il y a **trop d'**huile !

Il n'y a pas **assez de** sel !
Il n'y a pas **assez de** poivre !
Il n'y a pas **assez de** sucre !
Il n'y a pas **assez d'**huile !
Il n'y a pas **assez de** crème !

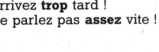

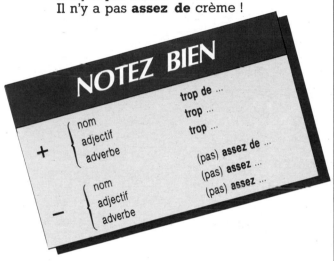

NOTEZ BIEN

+	nom	trop de ...
	adjectif	trop ...
	adverbe	trop ...
−	nom	(pas) assez de ...
	adjectif	(pas) assez ...
	adverbe	(pas) assez ...

Transformez de la même manière

Il faut fumer moins de cigarettes !   ⟶   Vous fumez **trop de** cigarettes !
Il faut parler moins vite !   ⟶   ....
Il faut boire moins de bière !   ⟶   ....
Il faut parler plus fort !   ⟶   ....
Il faut manger plus de fruits !   ⟶   ....
Il faut boire plus d'eau !   ⟶   ....

3. Donnez-moi...

Observez

Demande polie

Vous pouvez me donner une casserole ?

... moins polie

Donnez-moi une casserole.

Demandez des deux manières les objets suivants

Monsieur Martin s'adresse à sa secrétaire :

■■ *Transformez de la manière suivante*

Vous pouvez me réserver une table pour ce soir ? → Réservez-moi une table pour ce soir.

Vous pouvez m'appeler un taxi ? → ....

Vous pouvez me prendre un billet pour Londres ? → ....

Vous pouvez me chercher l'adresse de Monsieur Dubois ? → ....

Vous pouvez m'acheter une bière ? → ....

Vous pouvez me donner la clé du bureau ? → ....

Vous pouvez me réserver une chambre pour lundi soir ? → ....

4. L'interrogation

■■ *Observez*

Vous êtes prêts ?   Est-ce que vous êtes prêts ?   Êtes-vous prêts ?

Attention :

Il a ...   →   Vincent a ... ?

A-t-il ... ?   →   Vincent a-t-il ... ?

■■ *Trouvez les autres interrogations*

Vous avez une chambre ?   ....

Tu veux du pain ?   ....

Elle prend du thé ?   ....

Ils sont là ?   ....

Vous pouvez rappeler plus tard ?   ....

Attention

Pierre est prêt ?   Pierre et Isabelle sont prêts ?

Est-ce que Pierre est prêt ?   Est-ce que Pierre et Isabelle sont prêts ?

Pierre est-il prêt ?   Pierre et Isabelle sont-ils prêts ?

■■ *Trouvez les autres formes possibles*

Vincent a un billet ?   ....

Il a un plan de Paris ?   ....

Ce foulard est en soie ?   ....

Le magasin ferme demain ?   ....

5. Verbes

■■ *Apprenez*

Mettre   je mets
tu mets
il/elle/on met
nous mettons
vous mettez
ils/elles/mettent

JE METS
TU METS
IL ... ...

SAVOIR VIVRE

RECETTES RÉGIONALES

POT-AU-FEU — 1

1 kg 500 de bœuf (1 kg de plat-de-côte, 500 g de macreuse) 2 os — 4 poireaux — 8 carottes

6 navets — 2 oignons — 1 bouquet garni — 4 clous de girofle — sel — poivre

Dans une marmite, mettez 4 litres d'eau froide, la viande, les os et une cuillère à soupe de sel. Faites bouillir, puis baissez le feu et couvrez. Laissez cuire 1 heure. Pendant ce temps, mettez les poireaux et les oignons, piqués avec les clous de girofles. Au bout d'une heure, ajoutez les carottes et le bouquet garni. 1/2 heure après, ajoutez les poireaux, les navets, et le poivre. Ajoutez de l'eau. Faites bouillir. Servez avec de la moutarde, des cornichons, du gros sel.

Un peu partout en France

QUICHE-LORRAINE — 2

Pâte brisée :
200 g de farine — 100 g de beurre — une pincée de sel — 1/2 verre d'eau — 1 jaune d'œuf

Garniture :
150 g de crème — 3 œufs — 200 g de lard fumé — poivre

Pour la pâte, mélangez la farine, le beurre, l'eau, le sel, le jaune d'œuf. Laissez reposer. Coupez le lard en petits morceaux. Faites-les cuire légèrement dans une poêle. Étendez la pâte, garnissez un moule beurré et fariné. Pendant ce temps, battez les œufs et la crème, poivrez légèrement. Versez sur la pâte avec les lardons. Ajoutez de petits morceaux de beurre. Faites cuire 35 mn.

En Lorraine

BOUILLABAISSE — 3

poissons variés (merlan, daurade, rascasse, rouget...)
thym
laurier
sel — poivre

250 g de tomates
huile d'olive
2 oignons
ail — persil
fenouil — safran

Mettez de l'eau à chauffer dans une grande marmite. Épluchez les oignons, l'ail, les tomates. Jetez-les dans l'eau bouillante. Ajoutez les poissons coupés en morceaux, l'huile, le safran, le sel, le poivre. Laissez cuire à feu doux 18 à 20 mn. Versez le bouillon sur des tranches de pain placées dans la soupière.

En Provence

Dans le Sud-Ouest

CASSOULET — 4

600 g de porc
600 g d'oie
6 petites saucisses
500 g de haricots blancs

60 g de beurre ou de graisse d'oie
50 g de farine
125 g de tomates
du bouillon

Faites cuire les haricots dans de l'eau. Faites revenir les morceaux d'oie et de porc dans le beurre ou dans la graisse. Retirez-les. Mélangez la farine et le beurre. Ajoutez le bouillon chaud puis la tomate réduite en purée. Mettez les morceaux de viande et laissez cuire pendant trois heures. Ajoutez les haricots et faites cuire encore deux heures. Au moment de servir, ajoutez les saucisses cuites à l'avance dans de l'eau bouillante.

SAVOIR VIVRE

L'ART DE LA TABLE

Une école de cuisine : Le Cordon Bleu, 8 rue Léon-Delfrance, 75015 Paris.

Fondée à Paris en 1895, cette école possède une équipe de chefs d'un très haut niveau professionnel. Les cours s'y font en petits groupes et sont toujours suivis d'une dégustation.

METTRE LE COUVERT

Savoir recevoir, c'est aussi savoir mettre la table.

Comparez avec ce couvert « à l'anglaise » ou avec la façon de mettre le couvert dans votre pays.

La table familiale

Une table plus raffinée

Couvert « à l'anglaise »

Mais attention, ce n'est pas la seule façon de mettre le couvert en France !

TRAITEUR OU SURGELÉS ?

Si vous ne pouvez pas ou si vous n'aimez pas faire la cuisine, il y a d'autres solutions.

Une solution de luxe :

Les traiteurs, comme Le Nôtre, Fauchon, Dalloyau, Flo, ou d'autres moins connus, mais peut-être aussi bons.

Petit pâtissier normand né dans les années 1920, Le Nôtre a acheté une boutique rue d'Auteuil en 1957. Aujourd'hui, 660 personnes travaillent pour lui. Il vous livre viandes et légumes adaptés à la saison, et les desserts les plus extraordinaires.

Coût : 45 F par personne pour un cocktail,
        90 F par personne pour un repas.

Il a ouvert des boutiques dans d'autres villes de France (Nice, Lyon...) ainsi qu'à l'étranger (Londres, Tokyo, New-York...).

Une solution plus économique :

Les surgelés.

36 000 tonnes ont été produits en 1985. Une soixantaine d'entreprises fabriquent des plats cuisinés : crêpes, pizzas, plats à base de viande ou de poisson, recettes traditionnelles (bœuf bourguignon, coq au vin...).

Aujourd'hui, certains grands chefs n'hésitent pas à présenter leurs meilleures recettes en plats surgelés.

TESTS

1 Rappelez-vous
Comparaisons

	nom	adjectif	adverbe	verbe
+	plus de	....	....	....
−	....	....	....	....

2 Commentez les tableaux suivants en utilisant moins, plus...

Évolution des quantités consommées à domicile par personne et par an, entre 1965 et 1981			
	Moyenne 1965 à 1967	Moyenne 1979 à 1981	$\frac{1979 \text{ à } 1981}{1965 \text{ à } 1967} \times 100$
Pain	79,6 kg	49,4 kg	62,1
Pâtes alimentaires	7,4 kg	5,5 kg	74,3
Riz	2,4 kg	3,7 kg	154,2
Farine de blé	3,7 kg	4,1 kg	110,8
Pommes de terre	94,5 kg	55,5 kg	58,7
Légumes frais	71,2 kg	64,5 kg	90,6
Légumes secs	2,3 kg	1,5 kg	65,2
Fruits frais	37,1 kg	39,8 kg	107,3
Fruits secs	1,5 kg	1,4 kg	93,3
Confiture	1,8 kg	2,8 kg	155,6
Viande de boucherie	21,0 kg	23,5 kg	111,9
dont :			
Bœuf	12,9 kg	14,7 kg	114,0
Veau	4,9 kg	4,6 kg	93,9
Mouton, agneau	1,9 kg	3,3 kg	173,7
Cheval	1,3 kg	0,8 kg	61,5
Porc	6,4 kg	8,4 kg	131,3
Charcuterie	6,8 kg	8,9 kg	130,9
Volailles	11,7 kg	14,1 kg	120,5
Œufs	169 u	178 u	105,3
Poissons, crustacés	6,6 kg	6,8 kg	103,0
Lait frais	84,8 l	72,7 l	85,7
Fromages	10,8 kg	14,5 kg	134,3
Beurre	8,9 kg	7,5 kg	84,3
Huiles alimentaires	12,1 l	10,3 l	85,1
Margarine et graisses	1,8 kg	1,8 kg	100,0
Sucre	20,0 kg	12,9 kg	64,5

Abréviations utilisées : kg : kilogramme ; l : litre ; u : unité.

Tableau extrait des collections de l'INSEE - 108 M

Les Français mangent .... aujourd'hui qu'en 1967.

3 Qu'est-ce qu'on leur dit

Vous ....
Tu ....
Il faut ....

Ce .... est ....
Est-ce que vous avez .... ?

4 Un hôte prévenant
Posez les questions d'une autre manière :

Vous aimez la cuisine française ? ....
Vous prenez une entrée ? ....
Les haricots sont assez salés ? ....
Vous voulez un autre couteau ? ....
Vous avez assez de pain ? ....
Vous désirez un dessert ? ....
Les fraises sont assez sucrées ? ....
La crème n'est pas trop grasse ? ....

5 Un client poli dit :   Un client moins poli dit :

Vous pouvez me réserver une table
pour deux personnes ?
....
Vous pouvez me donner le menu ?
....
Pouvez-vous m'apporter le sel ?
....
Est-ce que vous pouvez me changer ce
verre ?
....
Vous pouvez m'apporter du pain ?
....
Vous pouvez m'apporter l'addition ?
....

LE SAC À MAIN

11e épisode

À L'HÔTEL CONCORDE

1 *Le chef du personnel :* Bonjour Françoise.

Françoise : Bonjour Monsieur le Directeur.

Le chef du personnel : Vous allez à Cannes à l'Hôtel Martinez.

Françoise : Formidable !

Le chef du personnel : Vous allez à Cannes, mais pas en vacances... Vous allez travailler à l'Hôtel Martinez.

Françoise : Bien Monsieur.

Le chef du personnel : J'espère que tout va bien se passer.

Françoise : Je l'espère aussi.

Le chef du personnel : Vous partez demain. Voilà votre billet d'avion pour Nice.

Françoise : Merci, au revoir Monsieur le Directeur.

2 *Françoise à Vincent :* Je vais à Cannes.

Vincent : Quoi ? Tu vas à Cannes ?

Françoise : Oui, mais pas en vacances. Je vais à l'Hôtel Martinez pour travailler.

Vincent : Tu as de la chance.

Françoise : Oui, mais c'est pour travailler.

Vincent : Oui, mais tu as quand même de la chance, c'est beau Cannes.

Françoise : ... et il y a du soleil.

À L'HÔTEL MARTINEZ DE CANNES

3 *Le responsable :* Vous allez à l'aéroport et vous ramenez la petite Élodie Meunier. Prenez un taxi.

Françoise : Bien Monsieur.

DANS UN TAXI VERS L'AÉROPORT DE NICE-CÔTE D'AZUR

4 *Françoise :* Je vous dois combien ?

Le chauffeur : 240 F.

Françoise : Gardez la monnaie.

Le chauffeur : Merci.

Françoise : Vous pouvez me faire une facture ?

Le chauffeur : Oui, oui.

Françoise : Merci.

5 *Françoise quitte le taxi. Elle a oublié son sac sur le siège.*

À L'AÉROPORT

6 *Françoise :* Bonjour Élodie, je m'appelle Françoise. Tu as fait un bon voyage ?

L'hôtesse : Oui, elle a joué aux cartes.

7 *Françoise :* Tu as joué aux cartes ?

L'hôtesse : Et elle a fait des dessins.

Françoise : Montre.

Françoise : Tu as vu les montagnes ?

L'hôtesse : Oui, elle a vu les montagnes et la mer.

8 *L'hôtesse :* Vous avez une pièce d'identité ?

Françoise : ... Mon sac ! J'ai perdu mon sac ! On m'a volé mon sac !

L'hôtesse : Vous êtes sûre ? Vous l'avez peut-être oublié.

Françoise : Non, j'ai payé le taxi.

L'hôtesse : Il faut faire une déclaration à la police de l'air.

Françoise : Mais la petite fille ?

L'hôtesse : Je regrette, il faut une pièce d'identité.

Françoise : Mais je dois repartir avec elle.

L'hôtesse : Ne vous inquiétez pas, je la garde.

Françoise : Où est le poste de police ?

L'hôtesse : Au fond du hall, à droite.

Françoise : Sois sage Élodie, je reviens tout de suite.

À LA POLICE DE L'AIR

9 **Françoise :** On a volé mon sac.

Le policier : On l'a volé ou vous l'avez perdu ?

Françoise : Je crois que je l'ai perdu.
J'ai pris un taxi, j'ai payé, j'ai posé mon sac à côté de moi sur le siège et puis je suis descendue du taxi.

Le policier (écrit) **:** Je crois que je l'ai perdu.

Françoise : J'ai pris un taxi, j'ai payé.

Le policier : J'ai pris un taxi, j'ai payé.

Françoise : J'ai posé mon sac à côté de moi sur le siège et puis je suis descendue du taxi.

Le policier : Vous avez pris un taxi, vous avez payé, vous avez posé votre sac à côté de vous sur le siège et puis vous êtes descendue du taxi. Eh bien, on va appeler le central des taxis.

10 **Le policier :** Allô ! Une jeune fille dit qu'elle a perdu son sac dans un taxi à l'aéroport.

La standardiste : Allô à tous les taxis... Une jeune fille a perdu son sac dans un taxi à l'aéroport.

11 **Le chauffeur de taxi :** J'ai son sac, je l'ai retrouvé dans mon taxi, je le rapporte.

La standardiste : On a retrouvé son sac.

Le policier : On a retrouvé votre sac, le chauffeur le rapporte.

12 **Françoise :** Ouf, j'ai eu peur.

Françoise : Vous avez retrouvé mon sac, merci.

Le chauffeur : Au revoir.

L'hôtesse : Voilà merci. Au revoir Élodie et bonnes vacances.

1. Passé composé

■ Observez

— Tu as fait un bon voyage ?
— Oui, j'ai fait un bon voyage.

— Qu'est-ce que tu as vu ?
— J'ai vu les montagnes.

— Tu as joué ?
— Oui, j'ai joué aux cartes.

j'ai	fait ...	nous avons	fait ...
tu as	joué ...	vous avez	joué ...
il/elle/on a	vu ...	ils/elles ont	vu ...

NOTEZ BIEN

VERBE	PASSÉ COMPOSÉ	VERBE	PASSÉ COMPOSÉ
		choisir	j'ai choisi
		servir	j'ai servi
travailler	j'ai travaillé	boire	j'ai bu
aider	j'ai aidé	prévenir	j'ai prévenu
aimer	j'ai aimé	voir	j'ai vu
		vouloir	j'ai voulu
appeler	j'ai appelé	plaire	j'ai plu
arranger	j'ai arrangé	perdre	j'ai perdu
assister	j'ai assisté	offrir	j'ai offert
chercher	j'ai cherché		
couper	j'ai coupé	prendre	j'ai pris
		mettre	j'ai mis
		dire	j'ai dit

Attention   J'ai pris mon sac   ⟶   Je l'ai pris
J'ai pris ma carte d'identité   ⟶   Je l'ai prise

■ Mettez les phrases au passé composé

— Qu'est-ce que tu bois ?
— Je bois du coca.

— Où déjeunes-tu ?
— Je déjeune au restaurant des Beaux-Arts.

— Qu'est-ce que tu choisis ?
— Je choisis cette cravate.

— Qu'est-ce que tu prends comme entrée ?
— Je prends de la charcuterie.

2. Être ou Avoir ?

■ Observez

J'**ai pris** mon sac   mais Je **suis descendue**
    payé
    perdu mon sac

NOTEZ BIEN

		je suis allé(e)
aller	→	arrivé(e)
arriver	→	venu(e)
venir	→	sorti(e)
sortir	→	resté(e)
rester	→	entré(e)
entrer	→	(re) parti(e)
(re) partir	→	

Attention { Il est allé / Elle est allée

■ *Remplacez par les verbes et les heures proposées*

— Vous êtes partis à quelle heure ?
— Nous sommes partis à 8 heures.
(arriver, 7 h 20 — sortir, 12 h 30 —
repartir, 4 h)

■ *A partir des renseignements suivants, racontez la journée d'Isabelle et de Françoise*

Isabelle
— part de Montparnasse à 8 h
— va à la gare de Lyon en taxi
— prend le train de 8 h 47
— déjeune au bar
— arrive à Lyon à 10 h 47
— va chez Mylène
— repart le soir à 17 h 15
— arrive à Paris à 19 h 15

Isabelle : « Je .... »
Vous : elle a ....

Françoise
— va rue de Sèvres
— fait les magasins avec Isabelle
— achète un foulard
— offre du parfum à Isabelle
— prend le thé
— reste 1 heure dans le salon de thé
— part à 18 h
— arrive à Montparnasse à 18 h 30

Françoise : « Je .... »
Vous : elle a ....

■ *Racontez*

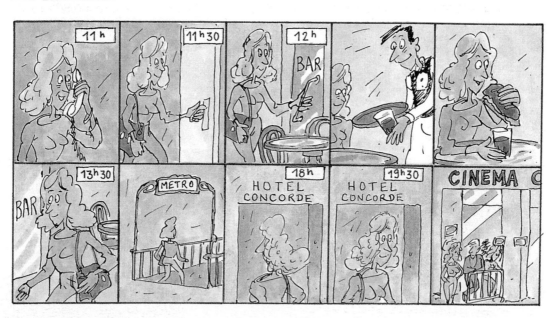

■ **Transformez**

On va comment au Trocadéro ?   On prend la direction Étoile
                                      On change à Franklin D. Roosevelt
                                      On descend à la station Trocadéro

Vous êtes allés comment au Trocadéro ? On a ....

■ **Vincent raconte à Isabelle ce qu'il a fait :**

(appeler un taxi — aller au quai de la Mégisserie — voir des oiseaux, des lapins — choisir un oiseau — acheter une cage — revenir — mettre l'oiseau dans la cage) (cf. épisode 7).

■ **Comme Françoise, vous avez laissé vos papiers dans un taxi. Racontez**

3. Mon, ton, son, votre

■ **Observez**

— C'est **ton** sac ?
— Oui, c'est **mon** sac.

— C'est le portefeuille d'Isabelle ?   — C'est **votre** portefeuille ?
— Oui, c'est **son** portefeuille.   — Oui, c'est **mon** portefeuille.

— J'ai perdu **ma** montre !   — Elle a perdu **sa** montre !
— **Ta** montre ? Mais non, elle est   — **Sa** montre ? Mais non, elle est
dans **ton** sac.   dans **son** sac.

NOTEZ BIEN

Possessifs	masculin	féminin
1re personne	mon	ma
2e personne	ton	ta
3e personne	votre	votre
	son	sa

■ **Remplacez « montre » par « portefeuille, carnet de chèques, carnet d'adresses, billet, ticket de métro, glace, carte d'identité ».**

TAXI !

Si vous cherchez un taxi. Vous pouvez :

— attendre à une station de taxi,

— appeler un taxi dans la rue (à plus de 50 m d'une station),

— téléphoner à une société ou à une station (radio taxi).

Les tarifs à Paris

● Prise en charge : 9 F à Paris
— dans les gares
— dans les aérogares

● Tarifs à Paris :
Tarif A : de 6 h 30 à 20 h
Tarif B : de 20 h à 6 h 30

Dimanche et jours fériés :
Tarif B : toute la journée
Tarif C : — en dehors de Paris
de 20 h à 6 h 30
— en dehors des départements :
Hauts-de-Seine, Seine-Saint-Denis,
Val de Marne.

● Les taxis n'acceptent pas les chiens
● Un taxi accepte 3 passagers
— Si le conducteur accepte une
4ᵉ personne, il peut demander un
supplément de 5 F.

Le taxi n'est pas en service

Le taxi est libre

Le taxi est occupé

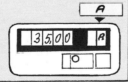

TAXIS PARISIENS

Reçu la somme de 35 F   Date 19.8.88
pour la course : Départ   Arrivés
Heure de départ   Heure d'arrivée
N° minéralogique   Emile A.
obligatoire :

7349 RW78

Prise en charge 9,00 f.	TARIFS APPLICABLES	
TARIF A : 2,55 par km TARIF B : 3,97 par km TARIF C : 5,33 par km Heure d'attente : 80,00 f.	JOUR 7h. - 20h.	NUIT 20h. - 7h.
ZONE * PARISIENNE Paris, Boulevard périphérique compris	A	B
ZONE ** SUBURBAINE Départements de : Hauts-de-Seine, Seine- St-Denis, Val-de-Marne	B	C
AU DELA DE LA ZONE SUBURBAINE	I. le taxi revient à vide	C	C
	II. le client garde le taxi pour le retour	A	B

Aucune indemnité de retour n'est jamais dûe. (suppléments au dos)

★ Le tarif ·B· est applicable dans la zone parisienne les dimanches et jours fériés
quelle que soit l'heure.

★★ Le tarif ·C· est applicable de 7 Heures à 20 Heures dans les communes à taxis de
banlieue si la course est à destination de ces communes.

OBJETS TROUVÉS

Si vous avez perdu un objet :
— en province, vous pouvez vous adresser aux Commissariats de Police,
— à Paris, vous pouvez aussi le retrouver aux Objets Trouvés, 36 rue des Morillons dans le 15ᵉ arrondissement.

Chaque jour, 300 personnes se présentent à cette adresse pour essayer de retrouver : un parapluie, un portefeuille, des clés, etc.
13 293 parapluies ont été rapportés l'année dernière. Trousseaux de clés, lunettes, portefeuilles, sacs à main, bagages, billets de banque... on trouve de tout rue des Morillons. Le plus original : un squelette, « Arthur », que les employés gardent précieusement... Les gants ou les clés sont conservés deux mois ; les objets plus précieux (montres, bijoux) 1 an.

Si vous avez perdu un objet, on vous demande de remplir le formulaire suivant.

Alors, entraînez-vous !

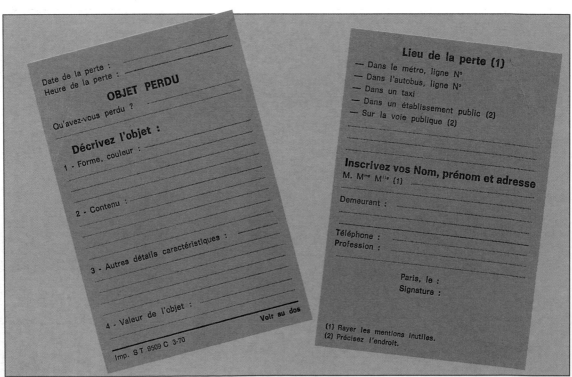

Date de la perte : _____
Heure de la perte : _____

OBJET PERDU

Qu'avez-vous perdu ? _____

Décrivez l'objet :
1 - Forme, couleur : _____

2 - Contenu : _____

3 - Autres détails caractéristiques : _____

4 - Valeur de l'objet : _____

Voir au dos

Imp. S T 9509 C 3-70

Lieu de la perte (1)
— Dans le métro, ligne N°
— Dans l'autobus, ligne N°
— Dans un taxi
— Dans un établissement public (2)
— Sur la voie publique (2)

Inscrivez vos Nom, prénom et adresse
M. Mᵐᵉ Mˡˡᵉ (1) _____

Demeurant : _____

Téléphone : _____
Profession : _____

Paris, le : _____
Signature : _____

(1) Rayer les mentions inutiles.
(2) Précisez l'endroit.

VOS PAPIERS !

Pour entrer en France :
Si vous faites partie de la Communauté Européenne, il vous faut seulement une carte d'identité. Sinon, il vous faut un passeport et un visa.

Pour circuler en France :
Vous devez avoir un permis de conduire (international si vous ne faites pas partie de la C.E.E.), un certificat d'immatriculation (carte grise) pour votre voiture et une assurance automobile.

Si vous comptez rester en France plus de 3 mois :
Vous devez demander une carte de séjour à la Préfecture.

On vous demande vos papiers :
— quand vous arrivez dans un hôtel ;
— à la poste, quand vous voulez retirer du courrier, un mandat, ou un paquet ;
— quand vous achetez un produit hors taxes ;
— si vous commettez une infraction en voiture.

TESTS

1 *Racontez en mettant les verbes au passé composé*

Vincent à Pierre (épisode 1)

Je vais à Roissy ;

Je prends un taxi ;

J'arrive à 10 h 10 ;

J'attends ;

Je cherche Françoise ;

Je ne la vois pas ;

Alors, je reviens à l'hôtel ;

Et je trouve Françoise dans le bureau du directeur

Je ....

Françoise à ses parents (épisode 4)

Je vais aux Puces avec Vincent ;

Je vois une jolie glace dans un magasin ;

Elle me plaît ;

Je l'achète ;

Je la paie 70 F ;

Après, nous allons à la Foire du Trône ;

Nous jouons à la loterie ;

Je gagne ... la même glace !

Je ....

Françoise à ses parents (épisode 9)

Pour notre premier salaire ;

Vincent m'invite au restaurant ;

Je choisis un restaurant ;

Vincent téléphone ;

Il réserve une table ;

Nous arrivons au Fouquets !

Et à la fin du repas, Vincent

n'a pas assez d'argent pour payer !

Je ....

2 *Qu'est-ce qu'ils demandent ?* (il y a plusieurs objets possibles)

— Tu .... ?
— Oui, je l'ai pris. Il est dans mon sac.

— Où .... ?
— Je les ai posées dans la chambre, sur le lit.

— Quand .... ?
— Je les ai perdues ce matin dans un magasin.

3 *Rappelez-vous*

Possessifs	masculin	féminin
1e personne	mon	....
2e personne	....	....
3e personne	....	....

Complétez

Isabelle à Vincent
J'ai perdu ma montre ! J'ai perdu .... carnet d'adresses ! J'ai perdu .... clés

Vincent à Isabelle
Tu as perdu .... !   ....

Vincent au directeur
Elle a perdu .... !   ....

Le directeur à Isabelle
Vous avez perdu .... !   ....

137

ALLÔ DOCTEUR...

12e épisode

DANS LE HALL DE L'HÔTEL CONCORDE

1 *Françoise :* 43.20.11.17. Allô, je suis bien chez Monsieur et Madame Beaulieu ? Bonjour Madame. Je téléphone à propos de l'annonce.

Madame Beaulieu : Bonjour Mademoiselle. Oui, en effet... Je cherche quelqu'un pour garder mes enfants ce soir... Vous êtes libre ?

Françoise : Oui, ce soir je suis libre. Je dois venir à quelle heure ?

Madame Beaulieu : En début de soirée.

Françoise : Vers 19 heures ?

Madame Beaulieu : Vers 19 heures, c'est très bien, merci. Vous vous appelez comment ?

Françoise : Françoise Charrier.

Madame Beaulieu : Alors à ce soir, merci.

Françoise : À ce soir Madame.

2 *Vincent :* On sort ce soir ?

Françoise : Non, je garde des enfants.

Vincent : À quelle heure ?

Françoise : Vers 19 heures en début de soirée.

CHEZ MONSIEUR ET MADAME BEAULIEU

3 *Françoise :* Bonsoir Madame, je suis bien chez Monsieur et Madame Beaulieu ?

Madame Beaulieu : Oui, oui.

Françoise : Je suis Françoise Charrier, je viens pour garder vos enfants.

Madame Beaulieu : Bonsoir, entrez.

4 *Françoise :* Bonsoir Monsieur.

Monsieur Beaulieu : Bonsoir Mademoiselle.

Madame Beaulieu : Voilà Agnès et Sophie. Voilà Françoise.

Agnès et Sophie : Bonsoir Françoise.

Françoise : Bonsoir Agnès, bonsoir Sophie.

Madame Beaulieu : Les enfants ont dîné, elles doivent se coucher vers 8 heures.

Madame Beaulieu : Si vous voulez lire, il y a des livres dans la bibliothèque ; sinon vous avez la télévision.

Françoise : Très bien Madame. Soyez tranquille. Je m'occupe des enfants et je ne regarde pas la télévision.

Madame Beaulieu : Soyez sages.

Monsieur Beaulieu : Bonne nuit mes chéries.

Les enfants : Bonsoir papa, bonsoir maman.

5 DEVANT LA TÉLÉVISION

Les enfants : Bonsoir Françoise. On va se coucher.

Françoise : Bonne nuit les enfants.

6 DANS LA CUISINE

Les enfants : Du chocolat. Des gâteaux !

7 DANS LA CHAMBRE DES ENFANTS

Sophie : J'ai mal au ventre.

Agnès : J'ai mal au ventre, moi aussi.

8 Françoise s'inquiète.

Françoise : Qu'est-ce qu'il y a ?

Sophie : J'ai mal au ventre.

Agnès : Moi aussi, j'ai mal au ventre.

Françoise : Asseyez-vous.

Françoise appelle le médecin

9 Françoise : SOS Médecin, vite venez. J'ai deux enfants très malades. Vite, vite.

Le standardiste : On vous envoie un médecin dans une heure.

Françoise : Non, pas dans une heure, tout de suite, c'est très grave.

Le standardiste : Quelle adresse ?

Françoise : 60, rue François 1er.

LE MÉDECIN ARRIVE

10 *Françoise :* Vite, vite, docteur, entrez.

Le docteur : Bonsoir les enfants. Où as-tu mal ?

Agnès : Au ventre et à la tête.

Le docteur : Et toi ?

Sophie : Au ventre et à la tête.

Le docteur : Tu n'as pas mal aux jambes ?

Agnès : Non, pas aux jambes.

Le docteur : Et toi ?,

Sophie : Non pas aux jambes.

Le docteur : Et aux bras ?

Agnès : Non, pas aux bras.

Le docteur : Et toi ?

Sophie : Non, je n'ai pas mal aux bras.

Le docteur : Tire la langue, et fais ah !

Sophie : Ah.

Le docteur : Et toi aussi, tire la langue et fait ah.

Agnès : Ah.

Le docteur : Vous avez trop mangé. Qu'est-ce que vous avez mangé ?

Agnès : Des gâteaux.

Sophie : Et du chocolat.

Le docteur : C'est une petite intoxication. Après une bonne nuit, tout va s'arranger.

11 *Françoise :* Merci docteur, je vous dois... ?

Le docteur : 250 F.

Françoise : Allez les enfants au lit !

LE RETOUR DES PARENTS

12 *Françoise :* Tout s'est bien passé.

Madame Beaulieu : Voilà 150 F.

Françoise : Non, ce n'est pas la peine. Merci beaucoup. Bonsoir Madame, bonsoir Monsieur.

1. Appartements

Observez

Dans une agence, un client à l'employé :

— Bonjour monsieur, je cherche un studio.
— Dans quel quartier ?
— Dans le 1er ou le 2e.
— Je peux vous proposer un studio rue du Jour.
— C'est à quel étage ?
— Au 2e étage.
— Il y a un ascenseur ?
— Non, il n'y a pas d'ascenseur.
— Et c'est combien ?
— 3 700 F par mois.
— Avec les charges ?
— Non, les charges ne sont pas comprises.
— On peut visiter ?
— Bien sûr.

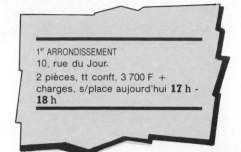

1er ARRONDISSEMENT
10, rue du Jour.
2 pièces, tt conft, 3 700 F + charges, s/place aujourd'hui **17 h - 18 h**

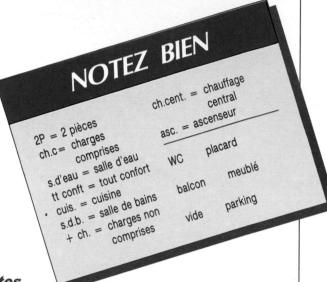

NOTEZ BIEN

ch.cent. = chauffage central

2P = 2 pièces
ch.c = charges comprises
s.d'eau = salle d'eau
tt conft = tout confort
. cuis. = cuisine
s.d.b. = salle de bains
+ ch. = charges non comprises

asc. = ascenseur

WC   placard

balcon   meublé

vide   parking

Faites un petit texte à partir des annonces suivantes

Offres Vides 2^e

BOURSE SENTIER
2 P. 40 m², tt. conft. 2e ét.
asc. Bon état. Px. 4 400 F
mensuel + 400 F charges.
(1) 43 55 99 19 H.B

Offres Vides 3^e

Près pl. des Vosges, 2P,
récent, park. 5 010 F et 2P
meublé, 4 500 F.

ETIENNE-MARCEL
4 P. de Charme, 110 m²,
9 470 F ch. comp. 3e ét.,
ascenseur.

Offres Vides 4^e

37, R. FRANÇOIS-MIRON
Beau 2P, cuis. équipée, chf.
cent. 3 800 F + ch.,
aujourd'hui 14 h.

66 RUE ST. MARTIN
3e ét., studio 1 700 F + ch.
R.-V. aujourd'hui.

BD HENRI-IV, 4 P. 100 m², vue
sur Seine, 3e ét., s. d'eau,
9 775 F net. 42.65.47.25,
aujourd'hui.

Il y a un appartement à louer...

Imaginez le dialogue entre l'employé et les clients suivants

Monsieur Bréhet (Il cherche un studio)
Monsieur et Madame Bideau (Ils cherchent un 2 pièces)
Monsieur Souliet (Il cherche un 4 pièces)

Monsieur et Madame Delmas comparent ces appartements

Dans l'appartement, la salle de séjour est plus grande que ....

L'agent immobilier fait les descriptions des appartements, imaginez ce qu'il dit

Vous avez à droite ....
            à gauche..............................

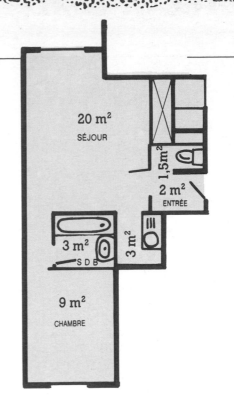

20 m²
SÉJOUR

1,5 m²

2 m²
ENTRÉE

3 m²

3 m²

3 m²
S D B

9 m²
CHAMBRE

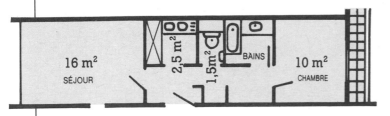

16 m²
SÉJOUR

2,5 m²

1,5 m²

BAINS

10 m²
CHAMBRE

rue Saint Placide

2. L'heure (suite)

Observez

— Vous avez l'heure ?
— Il est dix heures.
  Il est dix heures juste.

 Rendez-vous à 10 heures.
            à 10 heures
            précises.

— Vous avez l'heure ?
— Je n'ai pas ma montre, mais il est
  à peu près 10 heures.
  Il est environ 10 heures.

 Rendez-vous vers 10 h.

Donnez des rendez-vous précis ou approximatifs

— Précis

 RV 8H

 RV 9H30

— Approximatifs

 8H

 9H30

3. J'ai mal... !

■ *Observez*

NOTEZ BIEN

J'ai mal
Tu m'as fait mal { à la...
au...
aux... }

■ *Remplacez le mot « jambe » par les parties du corps indiquées*

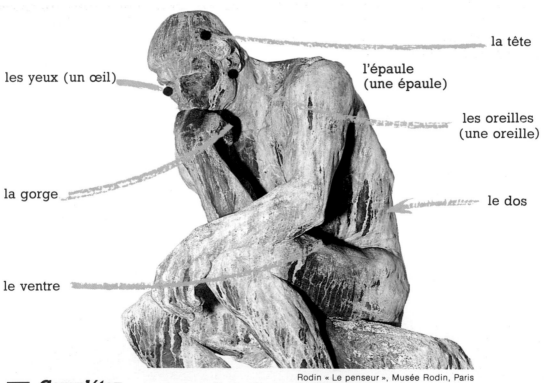

la tête

l'épaule
(une épaule)

les yeux (un œil)

les oreilles
(une oreille)

la gorge

le dos

le ventre

Rodin « Le penseur », Musée Rodin, Paris

■ *Complétez*

On fait les magasins depuis deux heures, j'ai mal ....
Ces paquets sont trop lourds, j'ai mal ....
J'ai mangé trop de gâteaux, j'ai mal ....
Mes lunettes ne me conviennent pas, j'ai mal ....
Tu parles trop fort ! J'ai mal ....
Si je regarde trop la télé, j'ai mal ....

ALLÔ DOCTEUR !

Vous êtes malade en France ? Ne vous inquiétez pas, on trouve toujours un médecin, même la nuit.
Vous avez dans les annuaires, la liste de tous les médecins par ville ou par arrondissement.
La nuit ou le week-end, le nom des médecins de garde est affiché dans les pharmacies. Vous pouvez aussi obtenir leur nom en téléphonant au Commissariat de police.

Pour obtenir le remboursement des frais de maladie, il faut être inscrit à une Caisse de Sécurité Sociale.
Tous les salariés le sont automatiquement : les cotisations sont prélevées sur les salaires.

En général, le malade paie directement le médecin ou le pharmacien. Il se fait ensuite rembourser par la Sécurité Sociale (40 % à 100 % des frais). Il remplit une feuille d'assurance maladie, qu'il envoie à sa Caisse de Sécurité Sociale.

Si vous êtes assuré social d'un pays membre de la C.E.E., vos frais médicaux vous sont remboursés pendant votre séjour en France. Mais n'oubliez pas le formulaire Sécurité Sociale International.

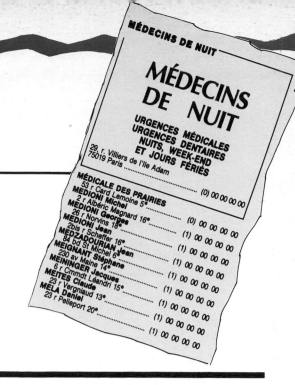

MÉDECINS DE NUIT

MÉDECINS DE NUIT

**URGENCES MÉDICALES
URGENCES DENTAIRES
NUITS, WEEK-END
ET JOURS FÉRIÉS**

29, r. Villiers de l'Ile Adam
75019 Paris .... (0) 00 00 00 00

MÉDICALE DES PRAIRIES
53 r Card Lemoine 5e
MEDIONI Michel .... (0) 00 00 00 00
2 r Albéric Magnard 16e
MEDIONI Georges .... (1) 00 00 00 00
26 r Norvins 18e
MEDIONI Jean .... (1) 00 00 00 00
2bis r Scheffer 16e
MEDZADOURIAN Jean .... (1) 00 00 00 00
84 bd St Michel 6e
MEIGNANT Stéphane .... (1) 00 00 00 00
230 av Maine 14e
MEININGER Jacques .... (1) 00 00 00 00
6 r Cmmdt Léandri 15e
MEITES Claude .... (1) 00 00 00 00
23 r Vergniaud 13e
MELA Daniel .... (1) 00 00 00 00
23 r Pelleport 20e .... (1) 00 00 00 00

Notez bien

A Paris, pour une urgence, appeler :
S.O.S. médecin... 43.37.77.77 - 24 h/24 h
S.O.S. dentiste... 43.37.51.00 - 20 h/24 h
ou le SAMU... 45.67.50.50

BULLETIN DE PAIE			

Et. Se .S/se   Référence
NOM - Prénom   Salarié
Qualification
Coefficient   N° S.S.
Période du   au

INTITULE	BASE	TAUX	MONTANT
SALAIRE DE BASE	16900	47405	801146
PRIME EXCEPTION			100000
PRIME ANCIENNET	491400	900	44226
HRES TRAVAIL H	16900		
BRUT ESPECE			945372
AVANT NAT MUTUE			000
SALAIRE BRUT			945372
SS MALAD DEPLAF	945372	560 -	52940
VIEILLESSE	873000	570 -	49761
ASSEDIC	945372	192 -	18151
APEC TRB	72372	0024 -	017
ASS CHOM TR B	72372	050 -	361
CIPC TRANCHE A	873000	219 -	19118
CIPC TRANCHE B	72372	7975 -	5771
TOTAL RETENUES -	146119		
NET IMPOSABLE			799253
CUMUL IMPOSABLE	799253		
MUTUELLE			000
AVANT NAT MUTUE	000	10000	000
CHEQUES RESTAUR	2200	800 -	17600
INDEMN TRANSP P			15250
NET A PAYER			796903

CODES : BANQUE   GUICHET   06937
N° de COMPTE

EMPLOYEUR   LIBRAIRIE HATIER
8 RUE D ASSAS
75278 PARIS 6E
CODES : SIRET 56211136900012 APE 5112
N° URSSAF 75 U N° AFFILIATION

COMMUNAUTES EUROPEENNES
Règlements de sécurité sociale

Voir «instructions au verso
E 101 □ □ (i)

87025207

ATTESTATION CONCERNANT LA LEGISLATION APPLICABLE

Règlement 1408/71 : articles 14.1.a ; 14.2.b ; 14 bis 1.a ; 14 bis 4 ; 14 ter 1 ; 14 ter 2 ; 14 ter 4 ; 14 quater 1.a ; 17
Règlement 574/72 : articles 11.1 ; 11 bis 1 ; 12 bis 1 ; 12 bis 2.a ; 12 bis 5.c ; 12 bis 7.a

1	□ Travailleur salarié	□ Travailleur non salarié
1.1	Nom (1bis)	
1.2	Prénoms	Nom de jeune fille (1bis)
1.3	Date de naissance	Nationalité	D.N.I. (1ter)
1.4	Adresse habituelle (2)	
1.5	Numéro d'immatriculation	

2	□ Employeur	□ Activité non salariée
2.1	Nom ou raison sociale :	
2.2	Adresse (3) :	

3. Le travailleur désigné ci-dessus :
3.1 □ est détaché ou exercera une activité non salariée pour une période allant probablement
du ____ au ____
3.2 □ est occupé depuis le ____
□ exerce une activité non salariée depuis le ____
3.3 □ dans l'établissement ci-après : ____ □ sur le navire ci-après : ____
3.4 Nom ou raison sociale : ____
3.5 Adresse (3) : ____

4. Le travailleur reste soumis à la législation du pays [F] (i) en vertu de l'article suivant du règlement 1408/4
4.1 [X] 14.1.a □ 14.2.b □ 14 bis 1.a □ 14 bis 4 □ 14 bis 4
□ 14 ter 1 □ 14 ter 2 □ 14 ter 4 □ 14 quater 1.a □ 17
4.2 □ du ____ au ____
4.3 □ pour la durée de l'activité
(Voir lettre de l'autorité compétente de l'Etat membre ou de l'organisme désigné par cette autorité dont la législation est applicable, en date du ____ en date ____ réf. ____

5. CAISSE PRIMAIRE D'ASSURANCE
MALADIE DE PARIS FR D'ASSURANCE MALADIE DE PARIS
DIVISION DES RELATIONS INTERNATIONALES 75, rue de Bercy – 75586 PARIS CEDEX 12
Maintien n°d'affiliation
Téléphone 340.12.63 . Poste
175, rue de Bercy . 75586 PARIS CEDEX 12

5.4 Date :
5.5 Signature

0.86 CPAM 00.01632.1

PETITE HISTOIRE DU MEUBLE FRANÇAIS

L. XIV · Rég. · L. XV · L. XVI · Dir. · Emp. · Rest. · L.-Ph. · N. III · 1900 · 1925

Le règne de **Louis XIV** est une période fastueuse dans le domaine des arts : les meubles ont encore les lignes un peu raides du style Louis XIII, mais des ébénistes comme Boulle les décorent de somptueuses marqueteries de cuivre et d'écaille.

Après l'époque **Louis XV**, influencee par le baroque italien et l'art oriental, les meubles Louis XVI retrouvent des lignes plus pures. Sous l'influence de Marie-Antoinette, le style champêtre se marie au goût pour l'Antique.

Sous le 1er **Empire**, le mobilier prend une allure majestueuse : on préfère les formes cubiques, un peu lourdes parfois, et les bois sombres comme l'acajou.

A la **restauration**, les angles s'arrondissent un peu, les bois plus clairs redeviennent à la mode.

Après quelques décennies peu créatives, les années 1900 voient la naissance de ce qu'on appellera le **Modern Style**, qui trouve dans la Femme et la Nature ses sources d'inspiration essentielles...

La période **Art Déco** des années 1925 est marquée par le retour de la précision linéaire et des lignes nettes...

Entraînez-vous

A quel style pouvez-vous rattacher chacun de ces fauteuils ?

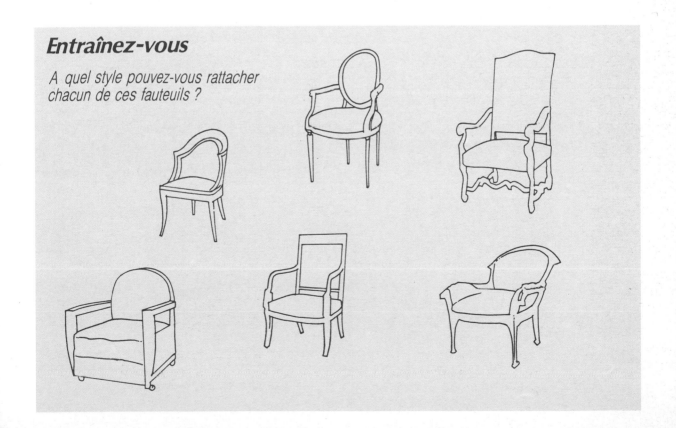

TESTS

1 a) À quelles annonces correspondent les dialogues

1. .... appartement ....
2. .... appartement ....
3. .... appartement ....

● ABV495/1 - **BAGNEUX (92).** Beau 2 pièces 50 m2 + balcon, rez-de-chaussée, parking sous-sol, cave. Exposition est-ouest. Calme, verdure, clair. 540.000 F.

a

● ABV1289/0 - **STAINS (93).** F3, 65 m2, parfait état, cuisine équipée, séjour refait à neuf, 2 chambres, wc, salle de bains, penderie, grand débarras. Porte blindée, interphone, cave, parking privé. 2e étage ascenseur. Chauffage collectif, faibles charges 1.000 F/mois environ. Près commerces, bus, école. 400.000 F.

b

● 3PV866/0 - **18e.** Métro Simplon. Bel immeuble, 5e étage sans ascenseur. Soleil, vue Sacré-Cœur. Entrée, séjour, 2 chambres, salle d'eau wc, débarras, grand balcon. Faibles charges. 520 000 F.

c

b) À quel plan les dialogues correspondent-ils ?

dialogue 1 .... plan ....
dialogue 2 .... plan ....
dialogue 3 .... plan ....

148

2 Où ont-ils mal ?
Que disent-ils ?

Les reconnaissez-vous ?

1 Ce sont .... de ....
2 Ce sont .... de ....
3 C'est .... de ....
4 Ce sont .... de ....

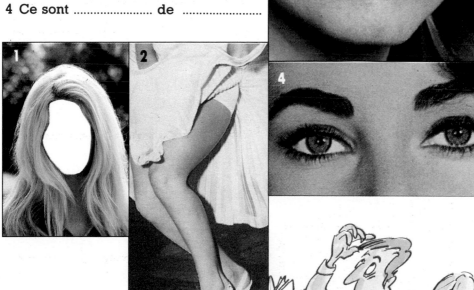

FOOTBALL

13ᵉ épisode

1 *Vincent :* Tu es libre ce soir ?

Françoise : Oui, je suis libre.

Vincent : On va au match ? J'ai réservé deux places.

Françoise : Je n'aime pas les matchs.

Vincent : Allez ! On va au match, sinon je vais perdre ces deux places.

Françoise : Mais je n'aime pas les matchs.

Vincent : Allez-! Tu n'es pas gentille.

Françoise : Bon d'accord. C'est à quelle heure ?

Vincent : À 20 h 30. Ça finit à 22 h.

Françoise : C'est bien pour te faire plaisir. Il est quelle heure ?

Vincent : 20 h. Vite, on va être en retard.

AU PARC DES PRINCES

2 *Françoise :* Où est l'entrée du stade ?

Vincent : Par là. C'est au bout de la rue. Vite, le match commence dans cinq minutes.

Vincent : Deuxième à gauche. Tribune G.

3 *Françoise :* On a des places numérotées ?

Vincent : Oui, je les ai réservées. Tribune G. Places 153-155.

Françoise : Une place, c'est combien ?

Vincent : 100 francs.

Françoise : Quelle heure est-il ?

Vincent : Plus de huit heures et demie. On est en retard, le match est commencé.

Françoise : Depuis combien de temps ?

Vincent : Ça fait cinq minutes.

Françoise monte sur les épaules de Vincent.

4 *Vincent :* Tu peux me dire ce qui se passe ?

5 *Françoise :* C'est un joueur bleu qui a le ballon qui court avec le ballon, qui court, qui court. Il y a un autre joueur blanc qui court aussi. Et encore un autre joueur blanc. Le joueur bleu tombe par terre. Le joueur blanc va prendre le ballon.

6 Ça y est, il a pris le ballon. Il y a un joueur blanc qui donne un coup de tête. Il y a un joueur avec un pull jaune et une culotte noire.

7

Vincent : Oui, oui, c'est le goal.

8 *Françoise :* Il a pris le ballon, il s'est couché dans l'herbe. Ça y est, il se relève. Il donne un grand coup de pied. Le ballon va très haut et très loin. Les joueurs courent pour attraper le ballon. C'est un bleu qui l'a, il le passe à un autre bleu, le bleu le repasse à un autre bleu. Il donne un coup de pied. Il y a beaucoup de joueurs autour des poteaux. On ne voit pas bien. Il y a des joueurs bleus qui lèvent les bras. Ils courent, ils s'embrassent. Ils sont contents, ils s'embrassent encore.

9

Vincent : C'est qu'ils ont marqué un but.

Françoise : C'est formidable... Ils remettent la balle au milieu du terrain. Les bleus sont à droite, les blancs à gauche, ils recommencent... C'est formidable, le football. Il y a un homme qui court...

Vincent : C'est l'arbitre.

Françoise : Il siffle... Il y a un joueur bleu qui recule. Il court. Il donne un coup de pied dans le ballon. Ils s'arrêtent tous de jouer. Ils s'en vont.

Vincent : C'est la fin du match. Tu peux descendre ? Je suis fatigué.

Françoise : C'est formidable...

10 *Françoise :* Oh ! J'ai trouvé ça bien et toi ?

Vincent : Oui, oui.

Françoise : Je ne t'ai pas bien expliqué le match ?

Vincent : Si, si.

Françoise : On est arrivés en retard, c'est dommage. La prochaine fois, on arrive à l'heure.

FAISONS LE POINT

1. Les articles - Les démonstratifs

■ *Demandez les objets suivants en utilisant :* **un, une, des**
le, la, l', les
ce, cet, cette, ces

Je voudrais...

■ *Faites votre valise pour partir en voyage*

Je prends...

■ *Retrouvez*

6 vêtements masculins	5 vêtements féminins
3 objets pour la table masculins	3 objets pour la table féminins
4 objets pour le sac à main masculins	4 objets pour le sac à main féminins

■ *Faites des phrases avec ces objets*

Par exemple :

Je cherche ....   Vous avez .... ?

J'ai perdu .... c'est combien ?

2. Les possessifs

■ *Vous partez en voyage. Qu'est-ce que vous prenez comme papiers et comme objets personnels ?*

	Papiers	Objets personnels
Je prends	....	....
Tu as pris .... ?	....	....
Vous avez pris .... ?	....	....
Il a pris .... ?	....	....
Elle a pris .... ?	....	....

3. Les adjectifs

C'est une voiture

 ....

 ....

4. Les articles partitifs : du, de la

Demandez ou proposez les choses suivantes

Je voudrais .... ?   Vous prenez .... ?

Vous avez .... ?   Vous voulez .... ?

Mettez les phrases à la forme négative

Non merci, je ne ...

5. Les pronoms : le, la, les

Remplacez par d'autres vêtements en indiquant la raison de votre refus (jupe, veste, veste à carreaux, pantalon noir, chemise à fleurs, tailleur gris)

— Vous ne prenez pas ce pull rouge ?

— Non, merci, je ne le prends pas, il est trop petit.

Remplacez Isabelle par Vincent, François, Marie

— C'est pour Isabelle, ce jus de fruit ?

— Non, ce n'est pas pour ..... .

155

FAISONS LE POINT

6. Le passé composé

— Mettez les phrases suivantes au passé composé

— Qu'est-ce que vous choisissez ?
— Tu préviens tes parents ?
— Elle offre une voiture à son fils.
— Vous prenez le métro ?

7. Les pronoms démonstratifs

— Complétez en employant un pronom démonstratif

Vous prenez quel oiseau ?   Je prends ....
quelle cage ?   ....
quelles places ?   ....
quelle jupe ?   ....
quel pantalon ?   ....

VOUS SAVEZ

1. Vous présenter

Je ....
....
....

— ou présenter quelqu'un

C'est ....
....
....

ou

Je te
   vous   ....

VINCENT

FRANÇOISE

2. Demander ou comprendre des renseignements

● L'heure

- Un prix

- Un objet

  - Une chambre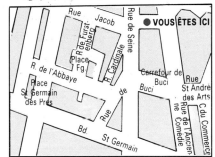

- Un plat

- Ce qu'il y a dans ce plat ?

- Une direction

Vincent veut aller ....
Qu'est-ce qu'il dit ?
Qu'est-ce qu'on lui répond ?

- Une place de train

▬ *Imaginez la conversation entre un employé et un voyageur à partir de ces billets*

Billet de train		
Départ *Paris*	Aller simple	Classe *1ère*
Arrivée *St Nazaire*	Aller-retour X	

Fumeur	Non fumeur	Plein tarif	Réduction	Adultes	Enfants	Animaux	
X	X		1				Prix *620* FF

Billet de train		
Départ *Lyon*	Aller simple X	Classe *2ème*
Arrivée *Besançon*	Aller-retour	

Fumeur	Non fumeur	Plein tarif	Réduction	Adultes	Enfants	Animaux	
			X	2			Prix *400* FF

3. Téléphoner

Vincent demande M. Martin. La secrétaire lui dit qu'il n'est pas là.

4. Situer dans le temps

Rendez-vous

....

Rendez-vous à .... heures
ou .... h .... mn

FAISONS LE POINT

5. Décrire

... une personne (Vincent et Françoise dans les différents dialogues)

Il est .... Il porte ....
Elle est .... Elle porte ....

... un objet

Je voudrais ....

... un vêtement.

6. Comparer

● Les appartements de la page 148 ● Les vêtements de la page 99

7. Demander un service

	de façon polie	de façon moins polie
Demander de fermer la fenêtre	....	....
Demander d'appeler un taxi	....	....
Demander de prendre un billet de train	....	....
Demander de réserver une table	....	....

8. Vous plaindre

9. Raconter

Vincent raconte l'épisode 1, l'épisode 8 et l'épisode 10.

10. Vous débrouiller

Qu'est-ce qui se passe ? Que pouvez-vous faire ?

— Vous avez réservé une chambre. Vous arrivez après 21 heures.
— Vous avez oublié de composter votre billet avant de prendre le train.
— Vous arrivez dans le train. La place que vous avez réservée est occupée.
— Vous avez perdu votre portefeuille.
— Vous êtes invité à dîner chez les parents de votre amie française.

ON VOUS EN A PARLÉ

■ **Dites ce que vous savez sur ces personnes, ces monuments, ces objets**

Le Concorde

B. Bardot

Palais de Chaillot

Roland Garros

La Bastille

Pascal

Tour Eiffel

T.G.V.

Table des illustrations

Aubin Imprimeur
LIGUGÉ, POITIERS

Achevé d'imprimer en mars 1994
N° d'impression P 45052
Dépôt légal mars 1994 / Imprimé en France